圖說犍陀羅文明

孫英剛

何　平　著

目　錄

佛教是從印度
傳來的嗎？

——作為佛教飛翔之地的犍陀羅

佛教在亞洲的興起與傳播，是人類歷史上的大事，再怎麼強調都不過份。這一歷史脈絡也是理解東亞文明根基的一個切入點，任何繞開它來研究東亞文明的嘗試都是不全面的。如果考慮到佛教在公元前5—前4世紀已經作為印度教的一種「異端教派」開始傳播，令人奇怪的是，在釋迦牟尼涅槃後的五、六百年中，它沒有傳入中國——儘管我們有一些阿育王派遣僧團到中國分舍利建塔之類的傳說，但這些都是後來中國文獻的附會。可以說，佛教產生後的傳播是非常緩慢的，但是為甚麼突然在公元2世紀，也就是佛教誕生五、六百年後，在中國迅速發展並繁榮起來？這其中關鍵的因素，就是犍陀羅（Gandhāra）。

作為佛教史的學者，也許跟很多相關的學者一樣，如果從歷史學的角度來看佛教的發展脈絡，將其視為一種歷史文化現象和人類文明遺產，筆者常常有一些非常強烈的感覺——這些感覺很可能不是錯覺，而

是基於歷史常識的判斷。其中一個感覺是，佛教傳播到中國的歷史，肯定不是簡單的線性發展史。很多複雜而重要的歷史支脈（甚至是主幹），因為各種原因，在歷史記憶的長河中被抹去了，留給我們的是一些支離破碎的信息，以及出於各種目的講述的、整整齊齊的故事。

筆者撰寫此書的目的，或許是想進行一次恢復歷史支脈（甚至主幹）的嘗試，來解釋佛教作為一種世界性宗教的屬性來源。佛教是人類各種文明共同作用的產物，在犍陀羅地區經過各種文明融合與再造之後，從一種地方性的信仰一舉躍升為一種世界宗教。從這個角度來說，犍陀羅不愧是佛教的飛翔之地。

一. 作為文明十字路口的犍陀羅

犍陀羅的地理位置非常特殊，正好處在亞歐大陸的心臟地帶。在繁榮的時期，這片核心面積只有二十多萬平方公里的地方，卻成為了絲綢之路的貿易中心和佛教世界的信仰中心。其西邊是興都庫什山，東北是喀喇崑崙山。東邊到印度河，南邊是以白沙瓦為中心的平原，傑赫勒姆（Jhelum）河流過這裏，形成了富饒的平原，造就了繁榮的農業區。貴霜帝國的首都，長期就置於白沙瓦平原上，以「布路沙布邏」或者「弗樓沙」等名字頻繁見諸漢文史籍。穿越北部的山脈，就進入了古代的烏仗那地區，以斯瓦特谷地為中心。斯瓦特的犍陀羅浮雕古樸渾厚，很有地方色彩。在中國歷史上扮演重要角色的高僧那連提黎耶舍就是來自這個地區。而穿過西邊的興都庫什山，就是古代的那揭國，也就是今天的賈拉拉巴德地區。位於該地區的醯羅城（Hidda）和那揭羅曷城（Nagarahara）是中土巡禮求法僧人禮拜的重點，從那揭往西北行，在興都庫什山中，就會到達巴米揚（Bamiyan），也就是玄奘筆下的「梵衍那國」。

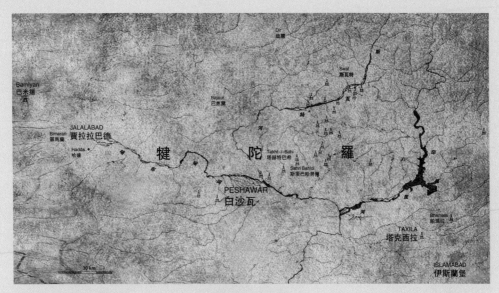

古代犍陀羅地區示意圖

斯瓦特河谷

白沙瓦博物館內部

喀布爾街頭

靜靜流經塔克西拉的哈羅河

翻越興都庫什山，就進入了古代的巴克特里亞地區。這個地方在漢文史料中以「大夏」聞名，希臘文化在這裏繁榮了數百年之久，它也是犍陀羅文明的重要組成部份。這些地區組成的大犍陀羅地區，由於得天獨厚的條件，在數百年間，成了人類文明的中心。對中國來說，影響最大的還不是貫穿此處的絲綢貿易，而是在犍陀羅受到系統佛教訓練的僧侶們，懷揣着菩薩的理想和執着，穿越流沙，將佛教傳入中土。

在犍陀羅故地，遍佈着數量眾多的人類文明遺蹟。除了作為文明中心的布路沙布邏和位於印度河以東的塔克西拉，還有北邊的斯瓦特、位於貝格拉姆（Begram）地區的迦畢試故地、保存眾多佛陀聖物的那揭和哈達、漢文文獻中提到的烏仗那國（布特卡拉遺址所在地）、馬爾丹縣的塔赫特巴希寺院遺址等等，可謂星光璀璨。今天阿富汗的首都喀布爾以及巴基斯坦的白沙瓦地區，都在犍陀羅的文化和地理範圍之內。距離喀布爾很近的艾娜克，以銅礦開採著稱，貴霜時期，這裏成為一個重要的經濟中心和佛教信仰中心，日後曾出土大量精美的佛教藝術品。

僅僅在塔克西拉地區的發現，就足以令人震驚。馬歇爾爵士（Sir John Hubert Marshall，1876—1958 年）憑着自己對希臘克里特島挖掘的經驗，為犍陀羅地區的發掘，尤其是塔克西拉（漢文文獻中的「呾叉始羅」）傾注了畢生的心血。分屬三個時期的古城，包括皮爾丘（Bhir Mound）、錫爾卡普（Sirkap）和錫爾蘇克（Sirsukh），都出土了大量改變歷史圖景的遺蹟和文物。錫爾卡普的雙頭鷹廟，是一座佛教窣堵波；法王塔（Dharmarajika）和焦里安（Jaulian）遺址、莫赫拉莫拉都（Mohra Moradu）寺院遺址等，見證了佛教在這裏的繁榮景象。數量眾多的裝飾盤和多達四十多位的希臘君主的錢幣，見證了希臘文化在這裏跟佛教信仰及本土文化的融合。公元 5 世紀初，法顯在這裏留學六年之久；他的後來者玄奘大師也在此停留兩年，可見這裏在佛教世界中的地位。

犍陀羅在中文和西方文獻中都留下了痕跡。中國西行巡禮求法的僧

人們描述了犍陀羅的佛教聖蹟和聖物，漢文譯經很多來自犍陀羅地區，留下了諸如貴霜君主迦膩色迦（Kanishka I）供養僧團、推動佛教發展的記錄。而古希臘羅馬的史學家和旅行者，留下了自己的所見所聞。早在公元前5世紀，西方已經聽聞犍陀羅之名。甚至在亞歷山大東征之前，希臘商人和移民已經到達了巴克特里亞地區。中國史籍中現存最早的有關犍陀羅的記載出現在西漢時期，在《三輔黃圖》中記載，漢武帝曾賞賜給董偃千塗國上貢的玉晶。這個「千塗國」就是犍陀羅。魏晉南北朝時期漢文史料中出現的「罽賓」，比如《漢書·西域傳》所指的罽賓，並不是今天的喀什米爾，而是指的犍陀羅地區。在魏晉南北朝時期，犍陀羅是佛教的中心，這裏「多出聖達，屢值明師，博貫群經，特深禪法」，而且保存着數量眾多的佛陀聖物，還有最高的佛教建築雀離浮圖。在印度本土，佛教反而衰落了。所以造成很多西行巡禮僧人，在犍陀羅巡禮聖物和學習之後，並不渡過印度河繼續前行，而是打道回府。[1]

在犍陀羅地區，佛跟商業和都市的結合，讓佛教從開始就跟富裕階層結成緊密的聯盟。物質的豐富給佛教的繁榮提供了基礎。在苦行之外，供養和佈施成為追求解脫的新法門。犍陀羅佛教文本如同圖像一樣，充滿着對繁榮景象的描述：富麗堂皇的都市建築、衣着華麗的仕女、喧囂的街市等等。但是當被翻譯為漢語時，這些部份很多被裁掉。如果對比馬鳴的原始文本和漢文譯經，能夠清晰地看出這一點。犍陀羅曾經繁榮數百年的文明，在佛教傳入中國後不久，就盡數化為泥塵，不復繁華。減掉這部份內容的描述，恐怕是擔心混淆了譯經的重點吧。可是，這些在當時的犍陀羅，正是重點啊。

白沙瓦街頭

騎車的少年，喀布爾街頭

拉合爾博物館

佛陀立像，塔克西拉博物館

故阿富汗總統府

故總統府前踢球的少年

「文化存則國存」，阿富汗國家博物館

二.「退化」的佛教史

要研究中國佛教史，必須了解佛教傳入中國之前的歷史。中國佛教史只能放在更大的歷史脈絡裏，才能看得更清楚，所以肯定不能從白馬寺的那幾匹馬說起。西方的佛教研究，在最初的階段，他們設想了一個「純粹的」「原本的」佛教。在這種理念裏，那個釋迦牟尼最初創造的潔白無瑕的佛教，在傳播中，跟不同地方的文化因素乃至「迷信」相結合，呈現新的面貌。所以在他們眼裏，佛教史是一部「退化」的歷史——但是很少有學者這樣描述從耶路撒冷傳到歐洲的基督教。所以最初的中國佛教史的研究，重點是西行求法和漢譯佛典，他們希望從中找到那個「原本」佛教的信息。直到一大批優秀的漢學家出現，才開始強調在中國文明的框架內研究中國佛教。

其實，真的存在一個一成不變的佛教嗎？完全不存在。佛教是一個變化的思想和信仰體系——這正是它的活力所在。就算釋迦牟尼也反覆強調，「無常」是普遍的規律，事物是無常的，諸法也是無常的。即便從佛教的立場看，佛教要保持活力，也應是一個常新的思想體系，秉持諸法無常的根本精神。從歷史學的角度看，將佛教史描述為一種線性的乃至退化的歷史，是一種幼稚的對歷史的誤解。

貴霜帝國在公元 2 世紀成為中亞的龐大帝國。它的出現消除了因為政權林立導致的交流障礙，為不同文明傳統之間的互動提供了更好的環境。貴霜君主，如丘就卻（Kujula Kadphises）和迦膩色迦等對佛教的大力提倡，使佛教在中亞和西北印度獲得一次飛躍和更新，並傳入中國。佛教的昌盛，也推動了犍陀羅藝術的繁榮。隨着佛教傳教和商業貿易的頻繁，大量貴霜人進入中土，居住在洛陽等中國文明的核心地區。史料記載，在洛陽居住的至少數百名貴霜居民大多應是佛門弟子。

貴霜開啟了佛教的一個重要時期：佛教發生了可謂根本性變化，大乘佛教開始興起，佛像出現，阿彌陀信仰、淨土觀念、彌勒信仰等諸

多以前佛教並不具備的元素開始出現，並為以後佛教傳入中國奠定了基礎。貴霜在佛教傳入中國的過程中扮演了無可取代的角色。它在當時既是絲綢之路的樞紐，又是世界佛教中心。同時，希臘文明的特徵被深深融入佛教，使佛教發生了根本性的變化，這種變化不但包括藝術風格的變化，比如佛像在這一時期產生了，同時也包括教義的變化，比如佛陀的形象從一個人間的導師變成無所不能的神聖領域的統治者。

如果把犍陀羅和貴霜的歷史加進去，可能佛教史、中國史乃至絲綢之路的歷史，都要變得更加豐富多彩。絲綢之路首先是一條信仰和思想之路，同時也是物質和商貿之路，也是各大國縱橫捭闔的征服和對抗之路。如果僅僅依靠我們已知的信息描述這條路，我們知道它肯定不完整。比如我們讀韓森的《絲綢之路新史》，[2] 我們根本找不到佛教、貴霜、犍陀羅的影子，我們讀到最多的是粟特──這得益於近年來一些天才史學家對粟特歷史傾注的精力和熱情，恢復了我們之前忽略的歷史信息。

三. 佛經與佛像的出現

　　稱犍陀羅是佛教的飛翔之地一點都不誇張。中國漢魏時期接受的佛教，最大的比重可能就來自犍陀羅。佛教在犍陀羅獲得了革命性的發展和再造，這些內容包括我們熟知的，比如佛像的出現、菩薩理念興起、救世主理念加入、書寫的佛經文本成型、佛傳和佛本生故事的增加和再造等。犍陀羅形成的佛教，是一個更世界主義的思想和信仰系統，包括它的政治意識形態，更接近一種帝國意識形態。[3]

　　犍陀羅文明的影響，並不局限於犍陀羅地區。其影響的範圍，甚至越過蔥嶺進入塔里木盆地。一般而言，犍陀羅文明輸出留下的痕跡，主要有兩個：第一是犍陀羅的佛教藝術風格，第二是佉盧文撰寫的佛教和世俗文書。真實的歷史很可能是：人類歷史上真正意義的第一尊佛像，是在犍陀羅被「發明」出來的；同時，第一部真正意義上的「紙本」佛經，也是在犍陀羅製作出來的。

　　釋迦牟尼於公元前 5 世紀涅槃。佛陀的教義基本上是口耳相傳，並沒有書面的文本存在。犍陀羅地區是世界上最早出現和使用文本佛經的地區。佛經書寫和犍陀羅語之間存在密切的關係：貴霜帝國鼓勵佛教寫經和文本文學，使大量口耳相傳的佛教經典書面化。這推動了犍陀羅語的發展和繁榮。犍陀羅語也成為佛教早期經典的重要書寫語言。甚至可以說，佛經的原典語言是犍陀羅語，而不是梵語。比如「曇無德」「菩薩」「毗耶羅」「沙門」和「浮屠」等早期漢文翻譯的佛教術語，顯然來自犍陀羅語。新近發現的犍陀羅語佛教文本和銘文以及有關佛典起源和語言傳承的研究，都顯示早期中國佛教所接受的佛教文本，原本主要是犍陀羅語。

　　從公元 150 年左右，中國就開始翻譯佛經，可以說，中國的佛經，最早就是從犍陀羅語翻譯過來的。貴霜在其中扮演了主導性的角色。犍陀羅語或者說佉盧文書的俗語，如同歐洲中世紀的拉丁語一樣，在宗

帶有佛陀形象的迦膩色迦金幣

正面，銘文意為「眾王之王，貴霜王迦膩色迦」。反面為佛陀形象，很顯然，佛陀已經被視為神，和迦膩色迦錢幣上的其他神祇一樣。佛陀不再是人間的導師而是神靈，應該是大乘佛教的重要理念。

右手撫胸的佛陀立像，拉合爾博物館

其姿容手勢和出自小亞細亞的希臘基督教的基督非常相似，或許受到了希臘文化的影響。福歇認為，兩者是「表親」，都是源自希臘的薩福克瑞斯。

教傳播中擔當語言中介的角色。在梵語雅語和婆羅迷文取代犍陀羅語之前，它都是佛教傳播的重要媒介。最近辛嶋靜志教授對犍陀羅語與大乘佛教的研究顯示，現在大多數學者以為的梵文佛經，實際上是幾百年以來不斷梵語化，不斷進行錯誤的逆構詞、添加、插入的結果。[4]這些最早寫於 11 世紀至 17 世紀的梵語寫本並不是原典，而漢譯佛典（大多是 2 世紀到 6 世紀，與魏晉南北朝時段幾乎重合）才是最接近原典的文獻，是研究者應高度重視的研究資料，這些材料給將來留下了巨大的研究空間。

佛教在犍陀羅的發展，其中一個重要的表現，就是佛陀的形象從一個人間的導師，轉變為無所不能、至高無上的神靈。佛的形象第一次具體化之後，就被賦予了神聖的屬性。文獻和藝術品中的佛陀，從根本性質上說，有雙重的屬性。一方面，他是神聖的，是佛教世界的最高精神導師和裁決者，具有難以想像的神通、智慧和法力；另一方面，他是「真實存在」的一個人物——根據一個傳統說法，佛陀釋迦牟尼在約公元前 566 至前 486 年間生活在北印度中部地區。不論歷史解讀為何，他存在於特定的歷史時空，他的重要性和神聖性，也必須在特定的歷史脈絡裏才能獲得解釋和闡發。這兩種屬性合而為一，在字裏行間、雕塑壁畫中共同塑造了受眾能夠理解和接受的釋迦牟尼。

其實佛教從理念上是無神論，釋迦牟尼被視為神是很奇怪的做法，在貴霜君主鑄造錢幣時，我很懷疑他們也進行過理論上的爭執，到底要不要把釋迦牟尼刻在錢幣上。

早期佛教反對製造佛像，儘管有文獻記載優填王為佛陀製造瑞像的佛傳故事，但是在早期佛教思想裏，認為任何姿容和樣式的形象，都不足以描述超越輪迴獲得最終解脫的佛陀。《增一阿含經》說，「如來是身不可造作」，「不可摸則，不可言長言短」。而且印度也沒有為聖人或者偉人塑像的傳統。佛像的產生，可能受到多種文明因素的影響，這裏面首先是希臘文明，也包括伊朗、草原等不同文明元素。極端的如桑

迦畢試式樣佛像，集美博物館

特洛伊木馬，犍陀羅浮雕，大英博物館

山正進教授將佛像的出現與貴霜民族的民族性結合起來，認為佛陀偶像的產生與印度文化傳統毫不相干。[5]

儘管有犍陀羅和馬土拉的爭議，但是至少可以說，在犍陀羅地區形成的佛像，為中亞和東亞所接受，並結合本地文化元素和審美，發展出了現在普遍認知的佛像。這是一個文明的奇蹟，是多種文化傳統共同作用的結果。帶有濃厚希臘、羅馬風格的犍陀羅佛像，被稱為「希臘化的佛像」（Hellenistic Buddha）或乾脆被稱為「阿波羅式佛像」——一般認為，佛陀的背光形象來自阿波羅。犍陀羅佛像的影子和痕跡，在中國早期佛像中依然能夠看到，比如後趙建武四年（338）的鎏金銅佛坐像。

在犍陀羅形成的三十二相，成為佛教造像要遵守的基本要求，比如「手過膝相」「眉間白毫相」等等。這裏面有不同文明的影響，比如白毫，可能來自伊朗文明傳統。有些特殊的佛像樣式，也能看出文明交流的痕跡。比如迦畢試地區的焰肩佛。這種雙肩出火的佛像，可能吸收了王者的形象和符號，用描繪君主的手法來描繪佛陀。這種興盛於4—5世紀的佛像樣式，對中國也有影響。最早傳入中國的犍陀羅佛像有不少是帶有火焰及背光的迦畢試風格佛像，新疆拜城縣克孜爾石窟（第207窟壁畫）、吐魯番拜西哈爾千佛洞（第3窟壁畫）和鄯善吐峪溝石窟壁畫都能看到焰肩佛。後來成為東亞重要的佛像樣式。這種樣式的來歷，很可能就有瑣羅亞斯德教的影響。[6]

犍陀羅佛教藝術吸納了大量不同文明的符號、理念和神祇，造就了其世界主義的面貌和特徵。佛教雕像中的帝釋天、梵天本是印度教的神祇，在佛教裏他們卻臣服於佛陀；帶有民間信仰特徵的般闍迦和鬼子母，則混合了印度和希臘的理念與藝術形象；佛陀本生故事裏，出現了迦樓羅；那伽或者「龍」作為佛陀的禮讚者或者異教的象徵，出現在佛傳故事裏；希臘風格的裝飾、建築、神祇頻頻出現在各種佛教藝術中。作為佛陀「保護神」的執金剛神，形象則是來自古希臘的大力士赫拉克勒斯。其他的風神、海神等等，都在犍陀羅留下痕跡，並且以之為載體

傳入東亞，對人類文明的發展產生了深遠的影響。比如龜茲壁畫中眾多的裸體人像跟希臘人崇尚人體美有間接的關係，北齊大臣徐顯秀墓出土的一枚戒指上，清晰地描繪了希臘赫拉克勒斯（執金剛神）的身影。

執金剛神，約 2 世紀，高 39 厘米，柏林亞洲藝術博物館

佛陀和長相類似赫拉克勒斯的保鏢執金剛神在路上，佛陀在左，身體向前傾斜，作行路狀，鬍鬚濃密的執金剛神緊隨其後，左手拿金剛杵，右手似乎拿拂塵為佛陀護持。

四 . 佛本生故事和佛傳故事的再造

很多在中土流傳的佛本生故事和佛傳故事，很可能是犍陀羅的發明，是犍陀羅塑造自己佛教中心運動的一部份。

先説佛本生故事。佛本生故事（《大般涅槃經》稱之為「闍陀伽」）記載的是釋迦牟尼在過去輪迴中修行菩薩道的事蹟——釋迦牟尼之所以成佛，在於他經歷了累世的修行，積累了足夠的功德。佛本生故事存在一個不斷增加建構的過程。儘管歷史上的釋迦牟尼很可能從來沒有到過犍陀羅，但很多佛本生故事發生的地點被放在犍陀羅——釋迦牟尼的前世似乎是將犍陀羅作為重要的修行地點。這些佛本生故事在印度本土並不流傳，卻是犍陀羅佛教藝術的重要主題。而且故事發生的地點，也明確記載為犍陀羅地區，比如快目王施眼的故事、尸毗王割肉貿鴿的故事、摩訶薩埵那太子捨身飼虎的故事、月光王施頭的故事（尤其流傳於塔克西拉）、慈力王本生故事、蘇摩蛇本生故事等。西行求法的中國高僧法顯、玄奘等，對這些佛本生故事發生的「聖蹟」多有描述。聖蹟和聖物是一個地方成為宗教聖地的重要依據。佛教雖然不發源於犍陀羅，但犍陀羅後來崛起成為新的佛教中心。對於犍陀羅而言，尤其對貴霜帝國的君民而言，「製造」犍陀羅本地的聖蹟，就具有了重要的意義。其思想和宗教理念，可能與迦膩色迦一世把佛鉢從釋迦牟尼故地搶到首都布路沙布邏的邏輯是一樣的。

這些故事題材，比如尸毗王割肉貿鴿、摩訶薩埵那太子捨身飼虎，對中國的佛教思想影響都非常深刻，也是東亞佛教藝術的重要主題。尸毗王割肉貿鴿，文獻明確記載發生在宿呵多國（斯瓦特地區）；摩訶薩埵那的捨身飼虎故事，在中亞和東亞都非常流行，奇怪的是，在南傳佛教中卻不見這一主題的任何文字記載和圖像。分析漢文文獻記載，比如北涼法盛譯《菩薩投身（飴）餓虎起塔因緣經》等，也可以清楚地知道，這是犍陀羅當地的故事，甚至在法盛的時代——法盛到達犍陀羅的

時間比法顯晚 25 年，撰有《歷國記》——還在犍陀羅地區流傳，並且還保存着供人瞻仰禮拜的聖蹟。[7]

佛教傳入中國，在漢傳佛教美術史上，捨身飼虎成為一個非常流行的本生主題。新疆克孜爾石窟中，有眾多的捨身飼虎壁畫。敦煌莫高窟一共有 15 幅捨身飼虎壁畫，最早的是北魏 254 窟。日本奈良法隆寺的「玉蟲廚子」（飛鳥前期，即 7 世紀中葉）上，也繪有捨身飼虎的場面。2008 年在南京長干寺院地宮出土的鎏金七寶阿育王塔（1011 年造）上，也有捨身飼虎的圖像。我們可以說，這一題材，實際上是犍陀羅的貢獻。

另外一個非常有名的佛本生故事須大拿本生，也發生在犍陀羅。較早的漢文譯經是十六國時期聖堅譯《須大拿太子經》（《大正藏》第三冊）。在此經中，須大拿是葉波國國王濕波之子。葉波國，即犍陀羅。玄奘在《大唐西域記》中不厭其煩地描述了犍陀羅地區有關須大拿本生故事的「聖蹟」：犍陀羅跋虜沙城城北，有窣堵波（佛塔），是須大拿太子（唐言善牙）以父王大象施婆羅門處；跋虜沙城東門外有窣堵波，是婆羅門求施須大拿太子子女後販賣的地方；「跋虜沙城東北二十餘里至彈多落迦山，嶺上有窣堵波」，是太子施捨子女給婆羅門的地方。

犍陀羅的佛本生故事，最突出的兩個特點，第一是強調施捨的重要性——大乘佛教認為除了苦修，供養和佈施也是修行的法門。這其實給更多的社會階層比如商人打開了一扇大門，這可能也反映了佛教興起與絲路貿易的某種關聯性；第二是犍陀羅的佛本生故事，似乎都比較慘烈和悲壯，動不動就是施頭、施眼、捨身飼虎等等。這或許反映了當時宗教狂熱的一些場景，也有可能像有的學者認為的那樣，在中亞受到了草原傳統的影響。

我們再看佛傳故事。

幾乎每一個宗教都對描述自己傳教先驅的事蹟傾注了巨大的心血，正如基督教《聖經》孜孜不倦地描述耶穌的生命歷程一樣，釋迦牟尼

的人生經歷，他的出生、成道、傳法、涅槃，都是佛教神聖歷史的一部份，也是理解佛教精神的重要線索。這也能夠解釋，為甚麼犍陀羅佛教浮雕中，佛傳故事佔據了重要的比例。

佛傳故事雖然不好重塑——畢竟歷史上的釋迦牟尼主要活動區域在今天的印度東北部——但是也有一些明顯是犍陀羅當地的新發展。比如有名的釋迦牟尼降伏斯瓦特河上游經常令河流氾濫的龍王阿波邏羅（Apalāla）。《大智度論》說它發生在「月氏國」，《阿育王傳》說得更明確，說它發生在烏萇，也就是斯瓦特。玄奘《大唐西域記》記載得最為詳細，可以佐證這一故事其實是犍陀羅當地的故事。犍陀羅浮雕中有多件描繪釋迦牟尼帶着執金剛神去降伏阿波邏羅龍王的浮雕，跟玄奘的文字描述極其吻合。除了斯瓦特的龍王，玄奘還記載了塔克西拉的醫羅缽咀羅龍王拜見佛陀的故事。

佛傳故事裏，還有一個值得注意的主題，就是般闍迦（Pāñcika）和訶利諦（Hāritī，漢文文獻中也被譯為「鬼子母」）這對夫婦神。「鬼子母」這一名稱，早在西晉譯經中就已經出現了，也因此在漢文佛教文獻中頻繁出現。鬼子母在成為佛教神祇之前，並不見於任何早期的印度文獻，不是印度教的神靈，也不是耆那教的神靈。鬼子母造像最早就出現在犍陀羅佛教藝術中，而且數量眾多。從這些證據來看，鬼子母信仰很可能是流行於犍陀羅地區的地方信仰，後來被佛教納入自己的神靈系統。雖然在佛經中，佛陀度化鬼子母的地點在王舍城，但是玄奘在其《大唐西域記》中記載：「（健馱羅國）梵釋窣堵波西北行五十餘里，有窣堵波，是釋迦如來於此化鬼子母，令不害人，故此國俗祭以求嗣。」根據玄奘的記載，釋迦牟尼度化鬼子母的地點在犍陀羅。而且，玄奘到達那裏的時候，當地仍有到聖蹟求子的傳統。或許這也是犍陀羅再造聖地運動的一部份。其實，鬼子母的形象，早在 1 世紀，就在犍陀羅和巴克特里亞地區出現了。

最值得注意的是燃燈佛授記。燃燈佛授記發生的地點，不在佛陀故

土，而是在今天的賈拉拉巴德，也就是漢文文獻中的那揭國——這裏因為是燃燈佛授記發生的地點而成為佛教聖地。燃燈佛授記具有非常關鍵的地位：它是佛本生故事的結束，也是佛傳故事的起點。儘管故事的主人公儒童僅僅是釋迦牟尼的前世，但是通過燃燈佛的授記，他已經正式獲得了未來成佛的神聖性和合法性，之後歷經諸劫轉生為釋迦太子已經順理成章。所以我們就很容易理解，為甚麼這樣一個佛本生故事，卻往往出現在犍陀羅的佛傳故事裏，而且往往是作為佛傳故事的開端：釋迦牟尼通過燃燈佛授記，經過一定轉生積攢功德，入胎於摩耶夫人體內。摩耶夫人誕下釋迦牟尼，也就開啟了佛教的偉大志業，眾生的命運也因此改變。只有經過佛陀的講法傳道，才能解脫眾生，跳脫六道輪迴。而這一切，都從燃燈佛授記說起。

在犍陀羅佛教藝術中，燃燈佛授記非常重要，在犍陀羅現在所保存的本生浮雕中，其數量之多也令人驚訝。令人奇怪的是，這一佛教藝術主題在印度本土非常罕見，在犍陀羅地區尤其是賈拉拉巴德和迦畢試地區卻發現很多。這說明有關燃燈佛為釋迦菩薩授記的觀念和信仰，曾在這一地區非常盛行。可以揣測的是，燃燈佛授記這一觀念和佛教在犍陀羅地區的重塑有密切的關聯，所以也帶有強烈的地方色彩；同時，佛教中心從中印度向犍陀羅等中亞地區轉移，也帶來了新的觀念和藝術形式，燃燈佛授記應當是其中一種。燃燈佛授記的思想和藝術形式，是犍陀羅地區的發明創新，是佛教在這一地區的新發展。

佛教典籍中有關燃燈佛授記的地點，也被比附於賈拉拉巴德地區，玄奘時代稱為那揭羅曷國（Naharahara）。玄奘在西行求法途中經過此地，也描述了跟燃燈佛授記有關的種種聖蹟。《大唐西域記》卷二記載，那揭羅曷國都城東二里，有高達三百餘尺的窣堵波，是燃燈佛為釋迦牟尼授記的地方。玄奘繞塔禮拜，表達了他的崇敬之情。在它的南邊有一個小的窣堵波，正是昔日儒童佈髮掩泥的地方。另外值得指出的是，這一源於犍陀羅的理念和藝術主題，傳入中國後，對中古時期的歷史有深

刻的影響，乃至到北齊時，北齊文宣帝運用燃燈佛授記的理念為自己作政治宣傳。

五 . 在中國歷史上扮演重要角色的「佛缽」

　　犍陀羅才是 4—5 世紀中土僧人西行求法巡禮的中心，位於布路沙布邏的佛缽，是 4—5 世紀中國僧人西行巡禮的重要聖物。

　　2014 年，印度要求阿富汗政府歸還置放在喀布爾阿富汗國家博物館入口處的「佛缽」。這件佛缽，在 19 世紀被重新發現，曾引起英國學者康寧漢（Alexander Cunningham）等人的關注。20 世紀 80 年代，阿富汗總統穆罕默德‧納吉布拉（Mohammed Najibullah）下令將其運到阿富汗國家博物館保存。塔利班當權時，很多佛教文物被毀，但這件器物因帶有伊斯蘭銘文而躲過浩劫。據漢文史料記載，佛缽是在公元 2 世紀上半期，被貴霜君主迦膩色迦從毗舍離（Vaiśālī）或華氏城（Pāṭaliputra）搶到貴霜首都布路沙布邏（Puruṣapura，即弗樓沙）的。這也是現在印度要求阿富汗歸還的「歷史依據」。

　　當時鬧得如此沸沸揚揚的新聞，卻未在中國引起一丁點反響。今人很難想像的是，在魏晉南北朝時期，這件聖物卻在中國的宗教、政治世界裏持續地產生了重要影響。東晉興寧三年（365），襄陽的習鑿齒致書高僧道安，信中云：「所謂月光將出，靈缽應降，法師任當洪範，化洽幽深。」說的就是作為聖物的佛缽。

　　佛缽被運到弗樓沙後，犍陀羅逐漸成為佛教中心，至少是 4—5 世紀的犍陀羅，以佛缽為中樞，成為僧俗共同的一大佛教中心地。該地保存至今的大量佛教寺院遺址，也充份證明了這點。實際上在法顯到印度的時代，佛教在西域的繁榮，早已超過了印度本土。

　　學者們大都注意到，北魏熙平年間（516—518）的劉景暉事件——他被擁戴為「月光童子」。到了隋代，那連提黎耶舍重譯《佛說德護長者經》，將隋文帝描述為月光童子轉世。而且還預測佛缽將從布路沙布邏，經疏勒來到隋朝。當然最後沒有實現——玄奘到達布路沙布邏的時候，佛缽已經被搶走了。[8]

佛缽，高約 0.75 米，直徑 1.75 米，重 350—400 公斤，阿富汗國家博物館
佛缽矗立在博物館入口處，其底部以蓮花紋裝飾，然而周邊卻有六行伊斯蘭銘文，似
乎是後來由伊斯蘭信徒加刻上去的。

供養佛缽，3—4 世紀，東京國立博物館
兩邊是交腳彌勒，佛缽供養是和彌勒連在一起的。

六. 菩薩的興起

佛教從一個地方信仰飛躍成為一個世界宗教，與其在犍陀羅地區的重塑和發展脫不開關係。可以說，佛教在犍陀羅地區發生了全面的、革命性的變化。這種變化，通常被學者稱為大乘佛教興起，取代小乘佛教成為主流。這一主流沿着絲綢之路往東進入中國，傳入朝鮮半島和日本列島，形成了東亞文明的重要內涵。比較嚴格地說，犍陀羅地區的佛教新發展，在各個方面，包括藝術創作方面，都產生了深刻的影響。這也是在人類文明史上獨樹一幟的犍陀羅藝術能夠出現的歷史背景。在這種背景下，菩薩作為一個核心概念出現了。

在犍陀羅興起的大乘佛教，其核心的信仰和理念從追求個人的自我救贖轉變為標榜拯救一切眾生。後來以此為標準，把追求自我解脫之道稱為「小乘」，把普救眾生之道稱為「大乘」。這對佛教的神格體系也產生了根本性的影響。追求自我解脫的小乘佛教視佛陀為人格化的導師，而非無所不能的神祇。但是在大乘佛教的體系裏，佛陀成為最高神靈，是彼岸世界的最高統治者。在犍陀羅藝術中大量出現了梵天勸請主題的浮雕，講的是當釋迦牟尼成道後，本計劃自行涅槃，但是在梵天的勸請之下，放棄自我救贖，為眾生講法（初轉法輪），以幫助一切眾生跳脫六道輪迴為志向。也就是說，不能光自己成佛，還要幫助眾生脫離苦海。

最能體現大乘佛教這一核心理念的，就是「菩薩」概念的出現。或者說，菩薩信仰是大乘佛教的重要特徵。從根本上說，菩薩和佛是緊密相關的一對概念。佛果的成就，需要依照菩薩行而圓滿成就。可以說，「菩薩」是犍陀羅佛教最為重要的創新概念，是其跟原始佛教最主要的區別之一。菩薩的本意是「具備覺悟能力者」。覺悟之後的釋迦太子稱為「佛陀」，意思是「覺悟者」；菩薩則是未成佛但具備覺悟條件的人。菩薩可以成佛，但是他放棄或者推遲了涅槃，而留在世間幫助眾生。一

般認為，「菩薩」的概念在公元前後出現，他「發菩提心，修菩薩行，求成無上菩提」，宣揚「佛果莊嚴，菩薩大行」，這跟「發出離心，修己利行，求成阿羅漢」的舊傳統有區別。但是兩者之間是否存在激烈的競爭和衝突，沒有史料證明。隨着佛教傳入中國，再傳入朝鮮半島和日本，東亞菩薩信仰也達到頂峰，成為東亞信仰世界的重要組成部份。

那些冒着生命危險、遠涉流沙到異域傳法的高僧們，按照佛教教義的理解，就被稱為菩薩。他們秉持的就是這種上求菩提、下化眾生的精神。在絲綢之路上流動的，除了香料、貴金屬、奢侈品，還有佛陀的教誨。來自犍陀羅的高僧們抱着拯救世人的理想，進入新疆、敦煌、長安、洛陽、鄴城，忍受自然環境的惡劣和文化的挑戰，希望能夠用佛法拯救眾生。貴霜人竺法護世居敦煌，他來中土的目的就是宣傳佛法，「志弘大道」。[9] 時人都稱他為「敦煌菩薩」，他也自稱「天竺菩薩曇摩羅察」。或許這就是犍陀羅文明的核心精神和理念。

在貴霜時期，菩薩在佛教和政治宣傳中的作用突出起來。菩薩的地位被抬高，隨之而來的是菩薩像出現，成為犍陀羅佛教藝術極為重要的表現主題和描述對象。菩薩像的誕生很可能比佛像晚。在菩薩像中，作為救世主的彌勒（Maitreya）菩薩也出現了。一般觀點認為，犍陀羅地區是彌勒信仰的中心。彌勒帶有強烈的政治色彩，被賦予了極端重要的地位。彌勒和轉輪王的關係也變得重要起來。帶有「重生」意味的彌勒和帶有「入滅」意味的涅槃，成為犍陀羅佛教藝術重點描述的對象。[10]在犍陀羅的菩薩像中，絕大多數是彌勒菩薩像。

1980 年，今斯瓦特地區（烏萇國，Udyāna）的一處佛塔遺址出土了烏萇國國王色那瓦爾摩（Senavarmā）於公元 14 年留下的犍陀羅語金卷，裏面就提到了彌勒。彌勒作為佛教救世主以及未來佛，出現在貴霜君主迦膩色迦的錢幣上。迦膩色迦錢幣上的彌勒，是結跏趺坐的形象，戴有耳環、臂釧，右手施無畏印，左手持瓶，周圍用希臘字母寫着「Metrago Boudo」（Maitreya Buddha，即「彌勒佛」）。[11]值得注意的是，

彌勒立像，大都會博物館

彌勒立像，大都會博物館
彌勒菩薩裝扮如貴霜時代的王子

迦膩色迦錢幣上的彌勒，雖然造型是菩薩，但被稱為「佛」。這反映了彌勒的雙重屬性，一方面他是菩薩，另一方面他是未來佛，將在未來繼承釋迦牟尼的志業。迦膩色迦錢幣上，除了有彌勒造像，也有佛陀造像，可見兩者是同時並存的。既然彌勒的形象可以被鑄造在錢幣上，也說明了至少在迦膩色迦統治時期（2世紀），彌勒信仰已經取得了廣泛的認同和王權的支持，至少在迦膩色迦時代，彌勒作為未來佛的觀念，已經非常流行了。彌勒帶有強烈的政治色彩。正因為如此，他跟佛教理想君主轉輪王的關係也變得極端重要。迦膩色迦、梁武帝、隋文帝、武則天等，都在自己的政治操弄中將彌勒信仰和轉輪王的關係作為理論武器。

孔雀王朝的阿育王、希臘─巴克特里亞王朝的米南德一世、貴霜的迦膩色迦，在佛教典籍中往往被描述為佛教轉輪王。這一時期，佛教不但具有宗教信仰的性質，應該還帶有政治意識形態的功能。彌勒崇拜顯然是貴霜佛教的重點之一，這一點原始印度佛教並不具備。佛教的救世主跟其他宗教不同，佛教的釋迦牟尼佛並不具備救世主功能，而普度眾生的救世主是未來佛彌勒。彌勒信仰傳入中國後，成為重要的指導政治社會改造運動的理論，引發了數百年的政治狂潮。但是7世紀之後，中土的彌勒巨像雕刻衰落了，彌勒的地位下降，阿彌陀佛和觀世音的地位上升，顯示了佛教從政治世界退出的痕跡。

在犍陀羅美術中，有大量關於供養、持戒、智慧、解脫的主題，幾乎貫穿整個犍陀羅藝術體系。佛教雖然在犍陀羅衰落下去，但在東亞卻牢牢站穩了腳跟。與其有關的宗教、文化和藝術，在中華文明的核心地區包括洛陽、長安、大同、敦煌都生根發芽。佛光照耀之處，中國、日本和韓國的文明傳統都發生了重要的變化，這種變化成為文化遺產，留存至今。

【註釋】

1　桑山正進《巴米揚大佛與中印交通路線的變遷》，《敦煌學輯刊》1991 年第 1 期，第 83—93 頁。

2　芮樂偉・韓森著，張湛譯《絲綢之路新史》，北京：北京聯合出版公司，2015 年。英文版 2012 年由牛津大學出版社出版。

3　其實筆者一直沒有想到如何總結或者框架佛教有關轉輪王和彌勒一類帶有強烈政治屬性的理念和信仰，2017 年 6 月在武漢大學進行珞珈中國史講座後，魯西奇教授稱，這是一套帝國意識形態。筆者非常認同這樣的總結。這確實是一套帶有帝國意識形態的思想和信仰系統，而非封閉的、小國寡民式的統治理論。

4　相關研究參看辛嶋靜志《佛典語言及傳承》，上海：中西書局，2016 年。這是他第一本有關佛典語言研究的論文合集。同時，他的很多原創論文，都在其創價大學的網站上可以公開下載。

5　福歇 1913 年發表《佛像的希臘式起源》，認為佛像是希臘文化和印度文化融合的產物；1936 年以後，本傑明・羅蘭德等提倡羅馬式佛教美術説；長期在塔克西拉挖掘的馬歇爾在 1960 年出版的《犍陀羅的佛教美術》中系統闡述了自己的觀點，強調犍陀羅承襲古希臘文化傳統；高田修 1963 年出版的《佛像的起源》經過細緻的梳理，認為最古老的佛像，出自迦膩色迦時期，或者説，佛教美術興盛於貴霜王朝時期。與上述觀點針鋒相對的，是庫瑪拉斯瓦米（A. K. Coomaraswamy）、德立芙（Van-Lohuizen-Deleeuw）等印度美術史學者，他們強調馬土拉的重要性。田邊勝美 1988 年撰文認為佛像產生跟伊朗君主像有關。宮治昭認為兩地相去不遠，都在貴霜統治之下，但是犍陀羅出土的佛教雕刻作品，達到了驚人的數量，比人稱佛教聖地的中印度要多得多。參看宮治昭著，李萍譯《犍陀羅美術尋蹤》，北京：人民美術出版社，2006 年。日文版出版於 1996 年。桑山正進的一系列論述，參看桑山正進《カーピシー・ガンダーラ史研究》，京都：京都大學人文科學研究所，1990 年。

6　相關討論，參看孫英剛《雙肩出火的君主》，《文史知識》2017 年第 6 期，第 110—115 頁。

7 《大正藏》第 3 冊，第 424 頁中—428 頁上。譯者法盛在經末有一段議論：「爾時，國王聞佛説已，即於是處起立大塔，名為『菩薩投身餓虎塔』，今現在。塔東面山下有僧房、講堂、精舍，常有五千眾僧四事供養法盛。爾時，見諸國中有人癩病，及顛（癲）狂、聾盲、手腳躄跛，及種種疾病，悉來就此塔，燒香、然（燃）燈、香泥塗地、修治掃灑，並叩頭懺悔，百病皆癒。前來差者便去，後來輒爾，常有百餘人。不問貴賤皆爾，終無絕時。」可見在法盛的時代，有關菩薩投身餓虎的聖蹟仍在犍陀羅，並且成為當地百姓求醫禱告的對象。

8 參看許理和的研究，Erik Zürcher, "'Prince Moonlight': Messianism and Eschatology in Early Medieval Chinese Buddhism", *T'oung Pao* LXVIII, 1-3 (1982), pp.1-75。有關佛缽與月光童子信仰在中國中古時期的影響，參看孫英剛、李建欣《月光將出、靈缽應降——中古佛教救世主信仰的文獻與圖像》，《全球史評論》第 11 輯，北京：中國社會科學出版社，2016 年，第108—140 頁。

9 《高僧傳》卷一《竺法護傳》，《大正藏》第 50 冊，第 326 頁下。

10 有關研究，參看宮治昭著，李萍、張清濤譯《涅槃和彌勒的圖像學——從印度到中亞》，北京：文物出版社，2009 年。

11 關於迦膩色迦帶有佛像的錢幣，可以參看 Joseph Cribb, "Kaniska's Buddha Coins: The Official Iconography of Sakyamuni & Maitreya", *The Journal of the International Association of Buddhist Studies*, Vol. 3, No. 2, 1980, pp. 79-88。

第一章

希臘化時代和
犍陀羅文明中
的希臘元素

興都庫什山脈

發源於此的喀布爾河在犍陀羅地區注入印度河水系，形成喀布爾河谷，是
進入印度次大陸的重要通道，歷史上來自中亞和西亞的民族一般翻越興都
庫什山拿下犍陀羅，印度河流域就展現在眼前了。

犍陀羅是古典時代人類文明的熔爐，印度文明、伊朗文明、希臘文明、北方的草原文明，乃至東方的漢文明都在這裏相遇、碰撞和融合，造就了獨一無二的具有世界主義色彩的犍陀羅藝術。東亞文明的很多宗教元素，可以在這裏找到源頭。這裏是佛教的飛翔之地，佛教在這裏獲得新的活力，飛躍進入東亞，發展成為世界性宗教；這是人類歷史的一次「全球化」嘗試，軸心時代的五大思想高峰及其帶來的文明成果，在這裏完美地融合，希臘的哲學、神學、美學，和印度發源的佛教、印度教、地方神祇，以及伊朗系文明中的瑣羅亞斯德教，乃至彌賽亞信仰，彼此激發，形成了影響東方文明的佛教文明體系。佛教傳入中國之後，與中國的儒家、道教、陰陽五行等思想融合，成為中國文明的固有組成部份。可以說，大約從公元前 400 年到公元 400 年之間，犍陀羅，就是世界的中心，是人類文明交匯的十字路口。

佛陀頭像，集美博物館

這個頭像帶有希臘文化元素，呈現莊
嚴靜穆的宗教美感，同時具有寫實主
義風格。

佛陀立像，白沙瓦博物館
典型的希臘化佛教藝術

希臘—巴克特里亞王國國王歐西德莫斯一世錢幣

正面是君主肖像，背面是手持大棒的赫拉克勒斯。從亞歷山大時期開始，赫拉克勒斯就跟王權聯繫在一起，象徵着君主護佑民眾的功德。

德米特里一世銀幣

正面為德米特里一世的肖像，頭戴大象王冠；背面為赫拉克勒斯形象。

德米特里一世錢幣

正面是大象，背面是雙蛇杖。

一 . 希臘—巴克特里亞時代

自亞歷山大大帝遠征之後，數百年時間，希臘居民及其文明曾在今天西北印度、巴基斯坦和阿富汗地區繁榮過，並對佛教從一個地方性宗教飛躍成為世界宗教起到了獨特的作用。

「巴克特里亞」是古希臘人稱呼今天興都庫什山以北阿富汗斯坦東北部地區的概念，在中國史籍中謂之「大夏」，而西方史學家和阿拉伯人則稱之為「吐火羅斯坦」。

亞歷山大帝國崩解之後，留在巴克特里亞的希臘人建立了希臘—巴克特里亞王國。後來在德米特里一世（Demetrius I of Bactria）等君主擴張下，將犍陀羅等地也納入了統治範圍。在這段時間，早在公元前 3 世紀就已傳入犍陀羅和巴克特里亞的佛教，獲得了統治者堅定的支持，佛教的中心從恆河流域轉移到這裏。希臘文化的許多元素被佛教吸收，後者不論是教義還是藝術形式，都發生了重大變化。

德米特里一世（前 200—前 180 年在位）的錢幣上屢屢出現大象的形象，一種是德米特里一世頭戴大象頭飾的肖像，另外一種德米特里一世錢幣，正面是一頭大象，背面是雙蛇杖（caduceus）。有學者認為大象可能是佛教和釋迦牟尼的象徵。

希臘—巴克特里亞王國鼎盛時期，也影響到塔里木盆地。在新疆天山北發現了戴着希臘式頭盔的戰士雕像。另外一塊收藏於新疆維吾爾自治區博物館的織物片段描述的可能是一位希臘戰士。在樓蘭地區出土的可能是東漢晚期的彩色緙毛殘片上，描繪着典型的希臘羅馬式赫爾墨斯（Hermes）頭像。赫爾墨斯在古希臘神話中掌管貿易、旅行、競技等，並為眾神的信使，為神祇們傳遞信息。他的標誌是手持雙蛇杖。

中國典籍上記載的大宛，也就是漢武帝派軍隊遠征取天馬的地方，現在基本斷定應該是一處位於費爾干納盆地的希臘化城邦，很可能就是亞歷山大大帝建立的極東亞歷山大城（Alexandria Eschate）。「宛」這

個名字，很可能是從「愛奧尼亞」（Ionians）轉化來的。中亞的希臘人被稱為「Yavana」，或稱為「Yona」，其實就是「Ionian」。漢武帝對大宛的遠征，是中國文明第一次大規模和一個高度城市化的印度—歐洲文明接觸。

印度—希臘王國到了米南德一世（Menander I，前 165/155—前 130 年在位）的統治時期，達到鼎盛。米南德一世作為一位與佛教關係微妙的統治者，在西方古典文獻和東方佛教文獻，乃至漢文文獻中都留下了自己的痕跡。南傳小部經典《彌蘭陀王問經》（*Milinda Pañha*）和漢傳佛典《那先比丘經》內容是彌蘭陀王（也就是米南德一世）向高僧龍軍（Nāgasena，那先）問道的集錄。[1]

在《那先比丘經》中，有一段米南德和高僧那先之間有趣的對話：

那先問王：「王本生何國？」
王言：「我本生大秦國，國名阿荔散。」
那先問王：「阿荔散去是間幾里？」
王言：「去二千由旬合八萬里。」[2]

所謂大秦國，應該是當時中土知識所框架的歐洲世界的代稱，因為這一時期羅馬已經崛起，漢文資料往往稱羅馬為大秦，進而可明確此米南德王的希臘背景，而「阿荔散」，顯然是「Alexandria」（亞歷山大）的音譯。

《彌蘭陀王問經》有着柏拉圖式的行文風格。塔恩爵士猜測其改編自一個最初用希臘文寫成的文本。公元前 2 世紀的《阿里斯狄亞書簡》（*Letter of Aristeas*），

米南德錢幣，大英博物館
錢幣上塑有米南德一世頭像，帶有鮮明的希臘人特徵。

048

織物片段描繪的「希臘戰士」，
新疆維吾爾自治區博物館

新疆發現的「希臘戰
士」雕像，新疆維吾
爾自治區博物館

繪有赫爾墨斯形象的織物殘片
斯坦因在樓蘭地區發現，可能來
自犍陀羅或者更遠的地區。

米南德一世銅幣，大英博物館
一面是八車輻（可能象徵佛教的八正道）
的輪寶，一面是棕櫚葉。

或許就是對《彌蘭陀王問經》的模仿。[3]

米南德錢幣正面是來自東方傳統的輪寶，象徵着他轉輪王的身份，甚至說明他某種程度上接受了佛教，反面是來自希臘文明的棕櫚葉，這足以證明當時文明交融的程度之高了。[4]

羅馬時代的希臘史家普魯塔克在其著作《道德論集》（*Moralia*）中提到，米南德一世去世之後，其統治之下的城鎮決定將其骨灰分給諸城，分別建造紀念碑（應該就是塔）保存和供養。這種葬儀不禁令人想起佛陀死後，他的舍利被分散建塔，進行供養。

米南德一世之後，幾經危機，希臘文化最終消失在東方文化的汪洋大海之中，但是其很多的文化元素，則進入了其他的文化體系。佛教教義和古希臘哲學在內涵上具有融通之處。很可能在這個時期，大乘佛教對苦修的教義作出調整，苦修不再是必須的通往解脫的路徑，而虔誠的佈施和禮拜也能讓信眾獲得功德和解脫。通過這樣的調整，佛教獲得了包括工商業階層的廣泛支持，也契合了各民族包括希臘人的信仰需要，為佛教沿着絲綢之路更廣泛地傳播奠定了基礎。

應該也是在這個時期，佛教也向偶像崇拜作出了妥協，改變了之前

塔克西拉遺址

這裏從希臘—巴克特里亞到貴霜時期，都是重要的
人類文明中心。

不塑造佛像的傳統，將身材高大的塑像視為聖人或者神靈的棲身之所或
象徵之物。受到希臘寫實主義藝術風格的影響，犍陀羅藝術家第一次將
佛陀的形象呈現大眾的面前。在中亞鐵爾梅茲、達爾弗津—特佩、昆都
士、迪里別爾津等地，保存了大量精美的犍陀羅佛教藝術珍品。

　　塔克西拉的法王塔（Dharmarajika stupa）最早修建的時間是阿育王
時期。塔克西拉地區的錫爾卡普（Sirkap）古城最早在公元前 2 世紀由德
米特里一世修建，1 世紀重建。古城分為上下兩城。下城南北長六百多
米，東西寬二百多米，石砌城牆厚達五、六米。城內街道設計得很有規
則，將城市分為 26 個街區，正中是寬八、九米的大街。大街兩側分佈着
店舖、廟宇。

　　錫爾卡普的雙頭鷹廟，很能說明希臘文化和佛教信仰的融合。這是

一座佛教窣堵波，但建築樣式卻是希臘式的。中間為台階，台階兩邊的基壇上各有三個壁龕。壁龕兩側是希臘樣式的科林斯柱，壁龕裏雕刻着雙頭鷹。

相對錫爾卡普像一個國際化的大都市，阿伊—哈努姆（Ai Khanoum）更像一個區域中心，但是這裏出土了很多帶有希臘化特徵的遺物。其競技場遺蹟發現有希臘老人形象的人形石柱。在殘存的一個石柱基座上刻有希臘格言：「少年時，舉止得當；年輕時，學會自制；中年時，正義行事；老年時，良言善導；壽終時，死而無憾。」根據銘文記載，這是一個叫克林楚斯（Clearchus）的希臘人從希臘本土德爾斐神廟認真抄寫下來，然後帶到這裏的。

阿伊—哈努姆受到的伊朗文明影響也很明顯。在一座帶有壁龕的神廟中，考古學家發現了一個帶有自然女神西布莉（Cybele）的銀盤。在銀盤中，希臘神話中的自然女神乘坐戰車，目視前方，戴類似王冠的頭飾。身後有一個穿着類似希臘祭司的人，手持陽傘式的東西護持女神。在自然之母前面是另一個希臘女神——勝利女神尼姬（Nike，羅馬名即為 Victoria）。勝利女神駕駛戰車，身帶雙翼——這正是勝利女神的標誌性特徵。戰車由前面兩頭獅子牽引，穿過一片佈滿岩石的土地。戰車面對帶有階梯的祭壇，一個祭司模樣的人在獻祭。天空中是太陽神赫利烏斯（Helios）。除了太陽神之外，還有新月出現，新月旁邊是一顆發光的星星。整個圖像表現的是自然女神掌握自然秩序，整個宇宙呈現出和諧美好的情景。銀盤可能是用在宗教儀式上。值得關注的是，自然女神乘坐獅子牽引的戰車是流行於小亞細亞和地中海地區的樣式，戰車的結構和祭壇的樣式則受到伊朗文明的影響。

在該城的主神廟中，發現了宙斯的巨大腳印，根據測量，這是一座宙斯坐像，大小相當於正常人身高三倍。可見宙斯在阿伊—哈努姆是很受崇拜的神。

雙頭鷹廟

錫爾卡普的寺廟遺址

舍利容器，塔克西拉博物館
錫爾卡普出土，器形似乎借鑒了羅馬
化妝盒的樣式。

鍍銀儀式盤，約公元前 200
年，阿伊—哈努姆出土，阿
富汗國家博物館

宙斯的左足，大理石，公元
前 3 世紀，阿伊—哈努姆出
土，阿富汗國家博物館

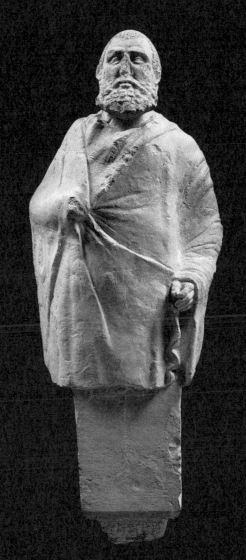

人物形柱，公元前 2 世紀，阿伊—哈努
姆出土，阿富汗國家博物館

二. 裝飾盤的世界和狄俄尼索斯信仰

前文我們提到一塊出土的犍陀羅浮雕上,刻劃着「木馬屠城」的場面。在遠離希臘文化母體千萬里之外的中亞,居然保存了如此準確的圖像,真是不得不讓人感嘆人類文明交流的穿透力。

但希臘文化深刻影響了犍陀羅的早期美術,最具代表性的藝術品是一些圓形石製作品,被稱為「裝飾盤」(toilet tray)。伴隨着裝飾盤的消失,犍陀羅美術進入了貴霜佛教美術的興盛時期。

這些充滿希臘文化色彩的裝飾盤,一般直徑在 10 至 20 厘米,材質包括片岩等,周邊凸起,中間凹入,中間部份雕刻浮雕——幾乎都是人物或者動物浮雕。有的全部雕刻,有的只雕刻四分之三或者一半的凹面,剩下的留白,有的簡單用幾何紋和蓮花紋裝飾。這些裝飾盤呈現一種世界主義的精神面貌。在這些裝飾盤上雕刻的,有乘海獸的人物,有喝醉的酒神狄俄尼索斯和大力士赫拉克勒斯,有阿波羅追求達芙妮的場景,有死者的饗宴,等等。

這些裝飾盤的一個重要主題,居然是展現男女情愛的場面,比如阿波羅搶奪達芙妮等。迦畢試出土的石膏板上,描述了女神塞壬(Seirenes,半人半鳥的海妖)搶奪假睡的西勒諾斯(Silenus)。在古希臘羅馬藝術中,此類主題往往是對諸神性愛力量的讚美。

除了人物塑像之外,裝飾盤常常出現海獸的形象,比如尼爾尤斯(Nereus)的女兒海甯芙(Nereid)騎乘各種海獸。希臘文化傳入犍陀羅不光經過陸地,也跟海上貿易有關係。在犍陀羅裝飾盤上,可以看到海神波塞冬(Poseidon)的形象。

裝飾盤浮雕的另一個常見主題是死者的饗宴:主人公身穿希臘式長衣,斜臥在長台上,手中拿着酒杯,與旁邊的人交談,背後則有人舉着月桂花冠。有學者認為,這一題材公元前 5 世紀出現在希臘和小亞細亞的墓碑和石棺上,描述的是與死者告別的場景,期望死者重生。

裝飾盤，阿波羅搶奪達芙妮，公元前
2—前1世紀，片岩，直徑10.6厘米，
厚0.4厘米，大都會博物館

裝飾盤，海神波塞冬及其侍者，
公元前2—前1世紀，日本東方
藝術博物館

裝飾盤，海甯芙騎在海獸上，大都會博物館

裝飾盤，夫婦和海神，1 世
紀，大都會博物館

裝飾盤，帶翼人物（或愛神厄羅斯）騎
在獅頭海怪背上，直徑 15.2 厘米，厚
2.5 厘米，大都會博物館

裝飾盤，死者的饗宴，1 世紀，大英博物館

　　裝飾盤最核心的人物應該是狄俄尼索斯，最核心的場景是喝酒。在希臘文化裏，他是主管葡萄栽培和釀酒之神，象徵着自然豐饒。狄俄尼索斯的崇拜具有平民性，每當大酒神節（Bacchanalian Festival）到來，人們歡聚一堂，載歌載舞，喝得大醉。犍陀羅出土的石雕圓盤中，有若干個裝飾盤刻劃了祭拜酒神的情節。畫面中人物或端着酒罎，或牽着山羊，或捧着供品，手舞足蹈，給酒神獻祭。

犍陀羅浮雕，酒神節上喝醉的狄俄尼索斯，1世紀，東京國立博物館

犍陀羅浮雕，載歌載舞的酒神節，1世紀，大都會博物館

容器碎片，大酒神節場景，
1 世紀，大都會博物館

裝飾盤，1 世紀，直徑 15.6 厘米，
大都會博物館

盤面有所殘損，刻劃兩個手持酒杯的
女人攙扶着喝醉的赫拉克勒斯。

宴飲場面，1—2 世紀，塔赫特巴希佛教遺址出
土，大英博物館

裝飾盤，1 世紀，大都會博物館

喝醉的赫拉克勒斯，旁邊有獅子的形象出現。

　　除了狄俄尼索斯，裝飾盤浮雕中也有表現大力士赫拉克勒斯喝醉的情形。

　　在犍陀羅地區，飲酒和宗教生活緊密相關。釀酒、飲酒往往跟盛大的節日聯繫在一起，在塔克西拉出土的裝飾盤上，甚至描述了釀酒的情形。

宴飲，片岩浮雕，1—3 世紀，拉合爾博物館
兩對男女飲酒場面，頗具希臘特色。

運酒和喝酒場面，3 世紀，東京國立博物館

通常認為，佛教僧侶不能飲酒，但犍陀羅存在大量的證據，證明佛教寺院保存着過濾葡萄酒的裝置，在斯瓦特等地，佛教寺院附近發現榨汁的遺蹟。在犍陀羅的佛教建築，比如窣堵波和階梯側面，也都出現了飲酒的畫面。

這些裝飾盤跟佛教信仰有關係嗎？在一件裝飾盤上，發現有梵天勸請的主題。這或許能說明，梵天勸請很可能是最早的犍陀羅佛像主題之一。宮治昭認為，希臘傳來的狄俄尼索斯信仰，通過飲酒的恍惚意念，象徵來生或者化生，所以跟佛教的理念連接在一起。葡萄卷草紋的浮雕和宴飲場景相關，也在犍陀羅藝術中佔有重要的地位。在犍陀羅裝飾中，經常能看到葡萄卷草紋，有的以葡萄卷草紋為背景雕刻裸體童子、野豬、小鹿等動物（比如犍陀羅初轉法輪浮雕）。葡萄卷草紋應該和狄俄尼索斯信仰緊密相關，同時葡萄卷草紋象徵豐饒多產，配合欣欣向榮的動物、童子形象，強調的是富有生命力和樂園的意涵。

與狄俄尼索斯信仰和大酒神節有關的藝術形式，也向東傳入中國。2003 年，樓蘭發現大型壁畫墓。其墓室東壁繪有飲酒圖。有的學者認為這是粟特人飲酒的場面，實際上這跟狄俄尼索斯信仰和大酒神節有關。

頭髮上有葡萄葉的狄俄尼索斯頭像，
4—5 世紀，大都會博物館

三. 赫拉克勒斯：從希臘大力士到佛陀的保鏢

在犍陀羅佛傳故事浮雕中，我們經常看到一位肌肉發達、鬍髮濃密、高鼻深目、手持大棒（有的還持拂塵）的武士形象，陪伴在佛陀身邊。這位帶有強烈希臘人外貌特徵的人物，像極了希臘神話中的大力士赫拉克勒斯。

佛教傳入犍陀羅之後，吸收了很多當地神祇進入自己的萬神殿，這其中包括希臘神祇。正是在這種背景下，大力士赫拉克勒斯被佛教「收服」，轉變為佛教的執金剛神。

在古希臘羅馬神話中，赫拉克勒斯是大力神，是體育競賽的保護神——這也是為甚麼阿伊—哈努姆城競技場以他為保護神。在犍陀羅藝術浮雕中，最多的是赫拉克勒斯殺死或馴服涅墨亞獅子的形象。

古典文明中，由於征服了威脅人類的危險力量，殺死了很多威脅人類的怪物，赫拉克勒斯被視為人類世界安全的保護者。這一點往往被希臘、羅馬乃全犍陀羅的君主們借用到自己身上，增強王權的説服力。因此，他的形象跟王權聯繫在一起。直到貴霜帝國的君主，從丘就卻（Kujula Kadphise）到胡毗色迦（Huvishka），都將赫拉克勒斯鑄造在自己的錢幣上。[5]

赫拉克勒斯在犍陀羅浮雕的體育比賽的場景中扮演了重要的角色。在一塊浮雕板中，描繪着赫拉克勒斯手持大棒和獅子皮，馴服一頭獅子的情景。

犍陀羅工匠們在描述佛陀生涯上花費了大量精力，而執金剛神幾乎出現在佛傳故事的每一個情節中。在犍陀羅浮雕中，他的位置並不固定，有時在佛陀左右，有時在佛陀身後，有時在不顯眼的角落。有的時候，他的形象是健壯的年輕人，赤裸上身，留着鬍子，手持金剛杵，大多數情況下是高鼻深目的形象。犍陀羅和克孜爾出土的浮雕和壁畫，存在前後相繼的關係。

赫拉克勒斯和涅墨亞獅子，26 厘米 ×34.9 厘米，1 世紀，大都會博物館

佛陀與執金剛神，大英博物館

　　執金剛神使用的武器，是金剛杵——很可能源自於赫拉克勒斯的大棒。在犍陀羅浮雕中，有的金剛杵是中部收斂成棒狀，有的是下方帶有圓形棒頭的大棒。金剛杵在印度造像裏是帝釋天的武器。在犍陀羅佛教藝術中，手持金剛杵護衛佛陀的基本是執金剛神。除了金剛杵外，執金剛神還經常手持拂塵，為佛陀驅趕蚊蟲。一手持金剛杵、一手持拂塵的執金剛神，常見於犍陀羅的浮雕中。這種造型也向東傳播，比如，克孜爾壁畫中有栩栩如生的執金剛神，其造型就是一手持金剛杵，一手持拂塵。

　　桑奇、巴爾胡特、阿馬拉瓦蒂等地出土的佛傳雕刻中，都沒有發現執金剛神的身影，只有在犍陀羅，佛教文獻中地位較低的執金剛神卻成為佛教藝術的重要形象。或許反映了佛教在犍陀羅，尤其是貴霜統治時期，從一個地方信仰崛起成為世界宗教過程中的一些面相。大乘佛教的一個重要特點就是，佛陀角色從人間導師轉變為信仰世界的最高神和主宰者。佛教在犍陀羅的重整，需要執金剛神這樣充滿神秘力量的武士充當保鏢，襯托其神聖偉大。

　　犍陀羅藝術通過絲綢之路傳入中國，把希臘文化元素也帶了進去。麥積山的一尊武士像也是頭戴虎頭或者獅頭盔，手持大棒。北齊大臣徐顯秀墓出土的一枚戒指上，清晰地描繪了這位希臘大力士的身影。

初轉法輪中的執金剛神，57 厘米 ×40 厘米，
5 世紀，克孜爾第 77 窟，柏林亞洲藝術博物館

執金剛神與比丘們，2—3 世紀，大英博物館
描述的似乎是佛傳故事部份場景，下方的執金剛
神如赫拉克勒斯一樣頭戴獅頭帽。

佛傳的三個場景，3 世紀，柏林亞洲藝術博物館
在這三個場景中，可以清晰看到手持金剛杵跟在佛陀身後的執金剛神。

四．其他希臘諸神

　　早期犍陀羅佛教藝術的一個重要裝飾元素，是扛花環的童子（Amorino）。這一裝飾元素一般出現在窣堵波的基座、圓柱塔身中部以及階梯的側面，也出現在舍利容器上。比如有名的迦膩色迦舍利函中部，就圍繞着一圈扛花環童子作為裝飾。

　　扛花環的童子這一題材出現在公元前 3 世紀，在羅馬帝國時期得到廣泛的傳播，成為重要的裝飾元素。在融入佛教藝術之前，其思想意涵可分為兩種，一種象徵着勝利和光榮，出現在描述戰爭勝利的場景；一種是葬禮的場景，大量出現在石棺浮雕上，象徵死後世界的榮光。犍陀羅窣堵波、舍利函上的扛花環童子往往跟充滿生命力的蓮花蔓草結合在一起，象徵豐饒多產的樂園圖景，是靈魂不滅和死後榮光的意涵，這或許是犍陀羅對佛陀永恆世界的想像。

　　不過，犍陀羅佛教藝術中的扛花環童子的表現手法具有自身的特點，與西方相同題材畫面有顯著區別。希臘羅馬的扛花環童子圖像中，花環往往是一個個懸掛的。而犍陀羅藝術中的花環則是波形曲線，呈現規則的起伏。

扛花環童子，加爾各答印度博物館

早期犍陀羅佛教中，飛行的形象出現得非常頻繁。伊朗系的瑣羅亞斯德教也給帶翼神人形象提供了思想來源。勝利女神尼姬（Nike）和愛神厄羅斯都是帶翼的形象。阿富汗黃金之丘出土了帶有希臘化風格的帶翼阿芙洛狄忒。在犍陀羅佛教藝術中，帶翼神人多出現在佛傳浮雕中，在斯瓦特出土的初轉法輪浮雕中，帶翼神人載歌載舞，撒花慶祝佛陀第一次傳法。使用帶翼人物形象作為建築裝飾，在大犍陀羅地區非常流行。這種造型，也影響到中國中古時期的佛教雕塑，比如北朝時期的釋迦牟尼雕像，在頭頂就會有飛翔的帶翼神人護佑。

在新疆米蘭佛寺中，保存有古希臘羅馬風格的「有翼天使」壁畫像。雖不能推斷這是古希臘羅馬文化向東傳播的最東點，但是這明顯是絲綢之路上東西方文化融合的力證。米蘭發現的帶有強烈犍陀羅風格的壁畫作品，可以說是犍陀羅藝術的重要組成部份。米蘭佛教壁畫中的「有翼天使」，應該是古希臘神話中的小愛神厄羅斯。壁畫中的「有翼天使」有着濃密的眉毛、炯炯有神的眼睛，略微仰視，這樣的樣式讓禮拜者在迴廊中通過時，不論從哪個角度，都能與天使對視，獲得一種宗教的注視感。馬歇爾認為，犍陀羅藝術在處理人像的雙眼方面，前後期是有變化的。早期的人像，雙眼大而有神，到了成熟期之後，人像變得更加宗教程式化，雙眼失去個性，往往帶有半張半閉的特點，給人一種疏離和超脫人世的感覺。米蘭佛寺的「有翼天使」，雙眼明大，可能是犍陀羅佛教藝術的早期作品。米蘭佛寺壁畫的署名者為「Tita」，這是公元初幾個世紀流行於羅馬東部的常見名字「Titus」，羅馬的一位皇帝也用過這樣的名字。可見作者很可能是來自犍陀羅，崇拜希臘藝術。

拉合爾博物館藏有一尊雅典娜雕像，頭戴頭盔，身穿希臘式無袖亞麻襯袍「希通」（Chiton），左手持盾，右手持矛。這座雕像或是某個佛教寺院的守護神。

阿特拉斯（Atlas）是希臘神話中的擎天神，屬於泰坦神族，在泰坦舊神族被新的神族擊敗後，阿特拉斯被宙斯降罪，用頭和雙手撐起青

有翼天使壁畫，2—4 世紀，米蘭佛寺出土，大英博物館

天。阿特拉斯被引入犍陀羅造像藝術，主要任務就是托起佛塔的塔基。窣堵波的基座或者其他建築的底端，經常看到阿特拉斯的形象。在犍陀羅雕像中，他經常是高抬手臂托起重物的姿勢——這可能並非僅是裝飾的用途，還應該有思想和信仰的意涵在裏面。對於建築來說，安全和堅固是最重要的，由阿特拉斯來托起建築，讓人們相信，建築獲得了神力的加持，更加堅固和牢靠。犍陀羅的阿特拉斯經常帶有雙翼，顯得孔武有力。

海獸特萊頓（Triton）是海洋的信使，是海神波塞冬的兒子，上半身作人形，下半身作魚尾形。在犍陀羅浮雕和裝飾盤中可以看到。在犍陀羅浮雕中，他以成行形象出現。犍陀羅出土的特萊頓數量眾多，反映了當時犍陀羅地區除了陸路交通外，可能也接受海上交通帶來的信息。

在犍陀羅浮雕中，出現了希臘風神的形象。風神的這種形象對東亞產生了深刻影響，一直到江戶時代的《風神雷神圖》，依然能夠看出犍陀羅的影子。

雅典娜，2世紀，高 82.5 厘米，拉合爾博物館

女神身穿「希通」，非常飄逸，身體的輪廓極為細膩，甚至凸起的小腹都有體現，比任何希臘羅馬的雅典娜雕像毫不遜色。

阿特拉斯，片岩石雕，2—3世紀，白沙瓦博物館　　　　雙翼阿特拉斯，白沙瓦博物館

雙翼阿特拉斯，高38.1厘米，克利夫蘭博物館

海獸特萊頓，1世紀，大都會博物館

海獸特萊頓，大英博物館

風神奧拉，2世紀晚期到 3 世紀，希臘雕塑

風神，2世紀，犍陀羅，柏林國家博物館

帶有風神形象的貴霜金幣，
平山郁夫絲綢之路美術館

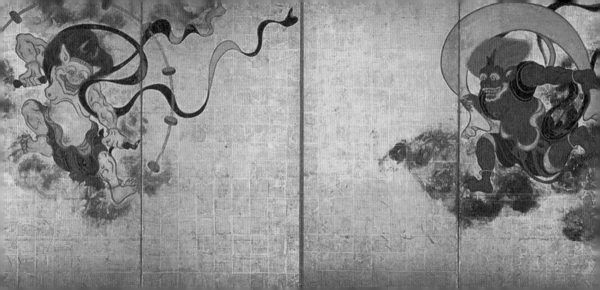

【註釋】

1 有關討論，參看水野弘元著，許洋主譯《佛教文獻研究》，台北：
 法鼓文化，2003 年，第 221—282 頁。

2 《那先比丘經》卷下，《大正藏》第 32 冊，第 717 頁下。

3 有的學者甚至認為高僧龍軍也是希臘人，所以他能夠熟練地使
 用西方世界熟悉的柏拉圖式的行文風格。George Woodcock,
 Greeks in India, Faber and Faber Ltd., 1966, pp.95-96. 不
 過其邏輯是基於佛典中提到龍軍是阿育王時代高僧法鎧
 （Dharmaraksita）的弟子，而後者是希臘人，所以龍軍也有可能
 是希臘人。

4 相關討論參看 William Woodthorpe Tarn, *The Greeks in Bactria
 and India*, Cambridge University Press, 2010；A. K. Narain,*The
 Greeks of Bactria & India,* Cambridge: Cambridge University
 Press, 1938。有關轉輪王符號的論述，參看孫英剛《轉輪王與皇
 帝——佛教王權觀對中古君主概念的影響》，《社會科學戰線》
 2013 年第 11 期，第 78—88 頁。

5 正如羅森菲爾德在他的名著《貴霜王朝的藝術》（*The Dynastic
 Art of Kushan*）一書中論述的那樣，殺死威脅人類的怪獸，是君
 主何以為王的合法性前提，這是一種隱喻。這也是為甚麼那麼多
 希臘—巴克特里亞以及貴霜君主使用赫拉克勒斯作為王權符號的
 原因。

第二章
貴霜帝國的
王朝藝術

在1世紀到4世紀的數百年中，貴霜帝國在羅馬帝國、漢帝國和安息帝國之間，扮演着中介的角色。在阿蘭（Ārā）發現的有名的迦膩色迦二世（Kanishka II）銘文上寫着他的頭銜：「大王、眾王之王、天子、凱撒」（Mahārājasa Rājatirājasa Devaputrasa Kaïsarasa）。「大王」是印度傳統，「眾王之王」是伊朗傳統，「天子」有可能是從中國借用的概念，而凱撒則明顯來自當時的羅馬帝國，是羅馬皇帝的稱號。迦膩色迦二世的王銜，濃縮了來自四大文明的傳統，可謂是貴霜世界主義色彩的一個縮影。貴霜地處絲綢之路要道，使得它在1世紀之後的數百年裏，成為整個人類世界的貿易、宗教、文化和藝術中心。

一. 早期貴霜文明和佛教在犍陀羅的繁榮

中國史籍所見「貴霜」，也就是中亞和西北印度次大陸錢幣銘文上所見的「Kusana」。貴霜王朝的前身應該是役屬月氏的大夏（巴克特里亞）「小長」之一——貴霜翕侯。貴霜帝國的建立，某種意義上是大夏貴族的復國。

1993 年發現的羅巴塔克碑銘，給出了清晰的早期貴霜王表：

Kujula Kadphises（庫就拉・卡德菲塞斯，漢文「丘就卻」，約 30—80 年在位）

Vima Takto（威瑪・塔克圖，漢文「閻膏珍」，約 80—90 年在位）

Vima Kadphises（威瑪・卡德菲塞斯，約 90—127 年在位）

Kanishka I（迦膩色迦，約 127—150 年在位）

貴霜經過幾代君主的經營，在公元 2 世紀成為一個龐大的帝國，橫亙漢朝和安息之間。不但印度的大部份地區在其控制之下，它的影響力甚至越過葱嶺，進入了塔里木盆地。根據《後漢書・班超傳》和《後漢書・西域傳》記載，永元二年（90），東漢的班超跟貴霜的七萬遠征軍在西域大戰，並且取得了勝利。不過似乎貴霜在塔里木盆地的影響力並未衰退。116 年，貴霜派遣軍隊護送在貴霜做人質的王子臣磐返回疏勒建立親貴霜的政權。

以往的觀點認為丘就卻和迦膩色迦是支持佛教的君主，而閻膏珍是支持印度教的君主。更接近事實的情況是，佛教的演進並沒有因為君主的變更而受到影響。佛教從丘就卻到迦膩色迦，都得到了貴霜王室的堅定支持。雖然貴霜執行宗教寬容政策，但當時正是佛教的繁榮上升期。從佛教遺蹟的規模、數量以及各種文獻的記載看，佛教在貴霜前半期的歷史中始終佔據主導的地位。相對希臘、印度、伊朗的各種神祇，佛陀並不被認為是某種「神祇」——至少在很多語境或者時段內，所以也可以理解為甚麼佛陀很少出現在錢幣上。

貴霜王侯立像，阿富汗國家博物館

丘就卻錢幣
刻劃有盤腿而坐的形象

閻膏珍坐像，馬土拉博物館

威瑪・卡德菲塞斯的錢幣，集美博物館

希臘銘文為「巴塞勒斯威瑪・卡德菲塞斯」。背面是印度教的神祇
濕婆，手持三叉戟，但其右方為佛教的三寶符號，佉盧文銘文為「大
王、眾王之王、世界之王、大地之王、正法的擁護者」。

佈施，羅馬東方藝術博物館

貴霜王者或貴族裝扮的佛教信徒佈施給佛陀，
佛陀身後跟着手持金剛杵的執金剛神。

丘就卻錢幣，大英博物館

正面是頭戴希臘式王冠（diadem）的國王頭像，褪化的希臘銘
文作「國王赫繆斯，救世主」，反面是手持大棒和獅皮的赫拉
克勒斯形象，佉盧文銘文作「丘就卻，貴霜翕侯，正法的堅定
追隨者」。

貴霜供養人，3世紀，松岡美術館

載歌載舞的場面，貴霜時期，羅馬東方藝術
博物館

在漢文史料中，貴霜君主被稱為「遮迦越羅」（轉輪王），而出土的他們的錢幣上，則稱為「大王」（Maharajasa）、「眾王之王」（Rajatirajasa）。「大王」或者「眾王之王」，其含義跟漢文佛典中的「遮迦越羅」或者「轉輪王」是一樣的。所以在把佛經從佉盧文翻譯為漢文時，支婁迦讖特別強調了「遮迦越羅」是「大王」，是和「小王」相對應的一個概念。在貴霜時期，佛教有關政治的理念獲得了發展，除了佛——轉輪王這種宗教和世俗的統治理念外，彌勒信仰興起，填補釋迦牟尼涅槃後的權威空間。作為佛教的救世主，彌勒是未來佛，為現世的人們照亮了未來的路，讓大眾期盼着一個理想時代的到來。這個理念此後傳播開來，尤其是在東亞世界，影響深遠。

丘就卻的錢幣上甚至出現了盤腿而坐的形象，有學者認為這是最早的佛陀像之一。塔克西拉的法王塔（Dharmarajika Stupa）、卡拉旺（Kalawan）等佛教遺蹟出土了大量貴霜時代的文物。卡拉旺遺蹟的一個佛典窟中發現了供奉舍利的碑文，直接說明是捐獻給說一切有部，這是最早出現部派名字的碑文，時代大約是公元 77 年。

1914 年，英國考古學家馬歇爾（J. Mashall）在塔克西拉的法王塔挖掘出一件滑石製作的舍利壺，內有銀盒。銀盒內有舍利函和一片薄銀卷軸。其銘文講到，一個名叫烏拉薩加（Urasaka）的巴克特里亞人，將聖者的舍利供奉在法王塔的菩薩殿中，以此功德，祝願「大王、眾王之王、天子、貴霜王」健康，為諸佛、眾生、父母、朋友、導師、族人、親人以及自己祈求身體健康。這個銘文的年代是 78—79 年左右。有學者認為，法王塔並不是一座佛塔，而是一座轉輪王塔。

據漢文文獻記載，統一後的貴霜帝國非常富庶，甚至《水經注》認為它的富庶超過了中國。《水經注》卷二記載：「土地和平，無所不有，金銀珍寶，異畜奇物，逾於中夏，大國也。」除了農業和畜牧業，貴霜帝國最激動人心的經濟活動，是基於絲綢之路的商業貿易。貴霜商人和粟特商人一起，在 1—4 世紀，幾乎壟斷了中國與外部世界的貿易。

塔克西拉風貌，這裏曾經是人類重要的文明中心。

塔克西拉遺址

最能反映貴霜商業繁榮的，可能是出土於當時貴霜夏都迦畢試的貝格拉姆寶藏。1922—1925 年，福歇（A. Foucher）在這裏發現了兩座城址。1937 年和 1939 年，哈金（J. Hackin）夫婦在新王城 II 號發掘區發現了兩間密室。密室門道被磚牆封堵，裏面藏着一大批外來器物，這些器物來自中國、印度、羅馬、希臘、埃及、腓尼基等不同地區，包括上千件象牙和骨雕，179 件玻璃器，61 件石膏製品，112 件青銅器，還有部份陶器、鐵器、漆器碎片等。這就是有名的「貝格拉姆寶藏」。

貝格拉姆寶藏保存了為數眾多的玻璃製品，很多是喝酒用的酒器。玻璃在當時仍是比較奢侈的物件，這些玻璃容器上有彩繪的圖案，其中一類圖案是戰爭場面，甚至有學者認為，表現的是特洛伊等歷史上有名的戰爭場面。令人感到驚奇的是，貝格拉姆寶藏中居然保存了大量用玻璃製成的海豚和魚。它們生動地展現了當年絲路貿易的豐富層面。

貝格拉姆寶藏中的象牙雕板非常精美。其中一件精美的女神雕像，女神站立在摩羯魚（Makara）之上。摩羯是印度宗教信仰中常見的一種帶有神力的動物，可知這件象牙雕刻是為了吸引印度用戶的眼睛。

大量佛教遺址的發現，足以證明佛教在貴霜帝國時期的地位和繁榮景象。比如有名的塔赫特巴希（Takht-i-Bahi）佛教遺址，「Takht-i-Bahi」是烏爾都語「泉水之王」的意思。這座遺址最初可能是一個瑣羅亞斯德教的聖地，佛教到來之後，改宗佛教，時代大約是 1 世紀。遺址出土的銘文證實，早在 1 世紀初，這裏已經是佛教中心。1864 年開始的發掘發現了大量佛教文物，現在保存在大英博物館。

佛教在犍陀羅和世俗生活結合得比較緊密。比如斯瓦特的出土物中，男女情愛的場面尤其多。例如布特卡拉出土的一件拱門下的男女浮雕，體現的是當時世俗的生活場景。有些浮雕，下半截是佛陀，是神聖的宗教場面；上半截卻是兩情相悅的世俗愛情畫面。

女性形象，貝格拉姆出土

女性形象，4—5 世紀，
柏林亞洲藝術博物館

手捧葡萄的貴霜供養人，3—4 世紀，
三藩市亞洲藝術博物館

西勒諾斯青銅面具，貝格拉姆出土

西勒諾斯是畜牧神潘的兒子或兄弟，一說是蓋亞的兒子或
是赫爾墨斯的兒子，後來成為酒神的養育者、教師和信徒。

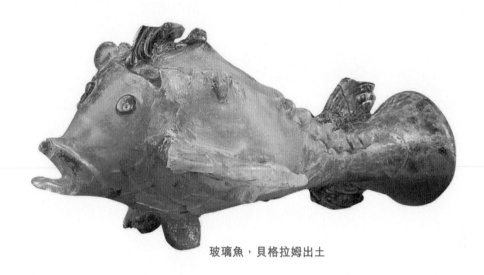

玻璃魚，貝格拉姆出土

彩繪希臘神話的玻璃容器，貝格拉姆出土，集美博物館

站在摩羯魚上的女神（水神？）雕像，貝格拉姆出土

寺院香爐，犍陀羅出土，貴霜時期，大
都會博物館

僧人，塔赫特巴希出土，2—3世紀，
大英博物館

塔赫特巴希遺址

女性供養人，豐都基斯坦出土，集美博物館

　　1833—1838 年左右，英國探險家馬松（Charies Masson）在阿富汗的賈拉拉巴德西部畢馬蘭村的一座佛塔遺址（編號 2 號佛塔）中發掘出一個鑲嵌紅寶石的舍利盒，現藏大英博物館。盒高 7 厘米，出土時已經沒有蓋子，盒子底部中央為蓮蓬紋，繞一周八瓣蓮花紋。盒外壁上端和下端分別鑲嵌形狀不太規整的紅寶石 12 枚和 15 枚，中部為八個浮雕人像，分別立於連拱門之內，可以明確為佛像的至少有兩尊，其特徵是：頭後有圓形項光，頭頂為束髮肉髻，睜眼，穿通肩衣，圓領，右手在胸前施無畏印狀，左手在腰間似握衣角。佛陀造像穿希臘袍服，採用希臘塑像的單足支撐態（Contrapposto）。這件舍利盒可視為犍陀羅希臘式佛教藝術的珍品。

　　佛教傳入中國，最早的一個地方可能是塔里木盆地絲路南道的于闐。根據《洛陽伽藍記》和《大唐西域記》的記載，大約在公元前 1 世紀中葉，已有迦濕彌羅的高僧毗盧折那來于闐傳教。東漢永平八年

（65），楚王劉英「尚浮屠之仁祠」並供養「伊蒲塞（優婆塞）、桑門（沙門）」。如果這一情況屬實，則說明 1 世紀時，中國一些特定階層或人物已經開始信仰佛教。

釋迦牟尼在公元前 486 年涅槃。公元前 2 世紀前後，佛經在犍陀羅地區被創造出來。它的原典語言是犍陀羅語，而不是梵語。比如「曇無德」「菩薩」「毗耶羅」「沙門」和「浮屠」等早期佛教術語，顯然來自犍陀羅語。新近發現的犍陀羅語佛教文本和銘文，以及有關佛典起源和語言傳承的研究，都顯示中國佛教所接受的佛教文本，原本主要是犍陀羅語。早期的佛典沒有文本，是口耳相傳，最近的研究——比如辛嶋靜志對犍陀羅語與大乘佛教的研究——證明，現在大多數學者以為的梵文佛經，實際上是幾百年以來不斷梵語化，不斷進行錯誤的逆構詞、添加、插入的結果。這些最早寫於 11 世紀至 17 世紀的梵語寫本並不是原典，而漢譯佛典（大多是 2 世紀到 6 世紀，與魏晉南北朝時段幾乎重合）才是最接近原典的文獻，是研究者應高度重視的研究資料。

這種文字最初被稱為「中古印度西北方言」，後來法國學者羅古貝里（Terrieo de Laeouperie）將其比對為漢語中的「佉盧文」。貝里建議稱其為「犍陀羅語」。早在公元前 2 世紀，佉盧文就從犍陀羅傳入巴克特里亞，又經巴克特里亞傳入中亞和中國的新疆地區。現在發現的佉盧文文獻包括阿育王石敕、貴霜碑銘、西域鄯善國木牘、佉盧文佛教寫本等。後來隨着貴霜帝國的瓦解，佉盧文逐漸在犍陀羅地區銷聲匿跡，但在中國新疆地區，仍繼續使用了一段時間。

二. 佛教對地方神祇的吸收

貴霜帝國雖然護持佛法，但是其他的宗教，包括希臘、伊朗、印度教的神祇，依然在信仰系統中扮演着重要角色。佛教對其他宗教神祇持開放態度，往往將他們改頭換面，納入自己的萬神殿，按照佛教的邏輯重新解釋。

通俗來講，般闍迦（Pāñcika）和訶利諦（Hāritī）這一對夫婦神是犍陀羅地區的財神。在後來的佛教文獻中，般闍迦被描述為夜叉，而訶利諦則被描述為吃小孩的夜叉女鬼，在漢文文獻中被意譯為「鬼子母」。大英博物館藏的般闍迦和訶利諦組合像，般闍迦手捧水缽，象徵聚斂財富，而訶利諦手持豐饒角，象徵物產豐饒（引伸為子女繁盛）。在兩人之間，有一個形象正將小袋的金銀放進般闍迦的水缽中——體現了般闍迦財神的形象。在商業發達、商人聚集的犍陀羅地區，對財富的追求是犍陀羅民眾期盼的事情。作為絲綢之路上的重要城市，對物質和財富的追求也帶來了對般闍迦和訶利諦夫婦財神的信仰和崇拜。

般闍迦和訶利諦信仰出現最早和最流行的地區就是犍陀羅地區。鬼子母的形象，早在 1 世紀，就在犍陀羅和巴克特里亞地區出現了。儘管很多佛教文獻都清清楚楚地記載，釋迦牟尼收服鬼子母的地方，是在王舍城。但是玄奘將此事發生的地點記錄為犍陀羅。玄奘西行中專門巡禮了佛陀收服鬼子母的聖蹟。他在《大唐西域記》中記載：「（健馱羅國）梵釋窣堵波西北行五十餘里，有窣堵波，是釋迦如來於此化鬼子母，令不害人，故此國俗祭以求嗣。」

犍陀羅藝術中的這對夫婦神，不論是圖像元素還是藝術風格，都深受希臘文化傳統的影響，或許還受到伊朗系文明的影響。訶利諦在犍陀羅雕塑中的形象，幾乎都是典雅高貴的希臘女神形象。她作為兇惡的外道女鬼皈依佛教的故事，可能是後來佛教徒編造的。

在般闍迦和訶利諦同時出現的夫婦神雕塑中，訶利諦一般都手捧豐

手持豐饒角的鬼子母，塔克西拉
博物館

鬼子母，2—3世紀，高92厘米，
西克里出土，拉合爾博物館

鬼子母，鍍金銀質，大都會博物館

饒角。豐饒角的符號來自希臘神話中代表哺乳宙斯的羊角，裏面裝滿了鮮花和水果。至今在西方文明中，豐饒角仍象徵着富饒和感恩。希臘的豐收女神提喀（Tyche）和命運女神福爾圖娜都可能對訶利諦的形象有影響。

般闍迦接近於伊朗系神靈系統的財神富羅（Pharro）。他們穿戴相似，都戴着鳥翼冠，兩個翅膀呈現「Y」形。兩人都持槍和錢袋（水缽）。佛教神靈的般闍迦和訶利諦可能也借用了伊朗系神靈系統的某些元素。

般闍迦和訶利諦這對夫婦神經常作為釋迦牟尼佛的隨侍出現。馬爾丹縣有名的塔赫特巴希（Takht-i-Bahi）窣堵波發現的般闍迦和訶利諦石雕，就是位於佛陀左側。兩人並排而坐，很像一對信仰佛陀的貴族夫婦供養人。迦畢試出土的有名的大神變浮雕，佛陀兩側的方形龕中，對稱刻劃了一位手持長方形物品的般闍迦和一位手持豐饒角的訶利諦。佛教吸收了訶利諦這一形象，為佛教在當地的發展開闢了道路。在塔赫特巴希出土的訶利諦神像雕刻中，有的刻着祈禱死去的愛子升天和祈願守護活着的孩子們的願文。

另一個例子是印度戰神塞建陀（Skanda）形象在犍陀羅藝術中的興起。塞建陀是濕婆之子，也是印度教的戰神。漢文文獻認為韋陀的原型就是塞建陀，犍陀羅藝術中，其形象卻是作為保護寺院和佛法的武士而出現。

鬼子母立像，白沙瓦博物館

般闍迦，拉合爾博物館

般闍迦，白沙瓦博物館

般闍迦與訶利諦，白沙瓦博物館

般闍迦與訶利諦，2 世紀，加爾各答印度博物館

馬爾丹佛教遺址

塞建陀，大英博物館

三. 迦膩色迦的政治、信仰與藝術表現

迦膩色迦無疑是人類歷史上最偉大的君王之一。其首都位於布路沙布邏，即今巴基斯坦白沙瓦。這裏也是犍陀羅文明的中心，漢文史料中的「罽賓」，很多時候指的就是這裏，而不是通常認為的喀什米爾。對玄奘而言，迦膩色迦就是犍陀羅之王。在貴霜帝國疆域內，存在數量眾多的佛教寺院和其他宗教的中心。

有關迦膩色迦的文獻記載，信息繁雜，彼此矛盾。1993 年，在羅巴塔克地區的一座山丘上發現了羅巴塔克銘文，正面用希臘文書寫，背面用巴克特里亞語。根據新的證據，現在學者比如福爾克（Harry Falk），將迦膩色迦元年定為公元 127 年，那麼他的統治時間大約是 127—150年。

佛陀坐像，獅子座，2—3 世紀，柏林亞洲藝術博物館

莫拉都（Mohra Moradu）寺院遺址

羅巴塔克銘文

迦膩色迦在漢文史料裏，名字被翻譯為「迦尼伽」「迦尼色伽」「罽膩伽」「真檀迦膩吒」等。還有用「犍陀羅王」「罽賓王」「月氏王」等頭銜稱呼這位偉大君主的。漢文佛教文獻中留下了很多關於他的記載。唐玄奘記載，迦膩色迦的影響力跨過蔥嶺，深入塔里木盆地，乃至「河西蕃維，畏威送質」。對於河西送來的人質，迦膩色迦讓其冬居印度諸國，夏還迦畢試，春秋兩季則住在犍陀羅。三處地方，都建佛寺。玄奘還參觀了當時尚遺存的、由中國人質捐建的佛教寺院。

犍陀羅壁畫，阿富汗國家博物館

佛像細部及佉盧銘文，
3—4 世紀，平山郁夫
絲綢之路美術館

焦里安遺址裝飾佛像，塔克西拉

在迦膩色迦時期，在迦濕彌羅曾舉行過佛典的第四次結集。脅尊者召集五百高僧，世友為上首。這次結集使經、律、論三藏各成十萬頌，共九百六十萬言。當東印度佛教已不是那麼興旺的時候，西北印度的富樓沙卻成了佛教的中心。

在迦膩色迦的錢幣出現的佛像主要有三種，立佛、釋迦牟尼佛和彌勒佛。帶有彌勒形象的迦膩色迦錢幣反映了佛教救世主主義在貴霜的流行。

但是迦膩色迦保存全今的圖像資料，都是軍事貴族打扮。比如馬土拉出土的迦膩色迦雕像。君主手持大棒和寶劍，全副武裝。銘文云：「大王（Mahārāja）、眾王之王（Rājatirāja）、天子（Devaputra）迦膩色迦」。

跟迦膩色迦手持重棒、寶劍相比，其父威瑪‧卡德菲塞斯是坐在王座（由獅子形象裝飾）上，根據慣常的藝術表現形式，他很可能右手舉着鮮花──或許是供佛之用。

迦膩色迦金幣上的君主形象及輪廓跟馬土拉博物館藏的迦膩色迦塑像具有高度的相似性，具有一定寫實的特點。迦膩色迦錢幣非常豐富，錢幣上有佛教、印度教、希臘、伊朗甚至其他文明的神祇，體現了當時貴霜的宗教寬容和融合政策。最初他的錢幣使用希臘文和希臘神祇，後期的錢幣使用大夏語，希臘神祇被伊朗系神靈取代。貴霜君主表現自己神聖性的做法，早期是雙肩發出火焰，後來背光取代了火焰。雙肩出火的做法，被佛教吸收，尤其是在迦畢試地區，佛像也雙肩發出火焰，借用君主的特徵來加強佛陀的神聖性。

河水靜靜地在犍陀羅佛教寺院旁流過

犍陀羅風景

迦膩色迦青銅舍利函，白沙瓦博物館

四 . 迦膩色迦重塑佛教中心：雀離浮圖與青銅舍利函

迦膩色迦統治時期，正式將首都遷到了布路沙布邏。布路沙布邏在迦膩色迦的經營之下，不但是政治中心，也被打造成佛教中心，佛缽等重要的佛教聖物被轉移到這裏。在中國魏晉南北朝時期，巡禮佛缽等聖物及聖蹟是西行求法僧人的一項重要活動。

除了將佛缽從佛陀故地運到這裏安置之外，迦膩色迦還建造了可能是當時最為高大恢宏的紀念碑性建築——迦膩色迦大塔。這座位於布路沙布邏的佛教建築對遙遠的中國本土也產生了深遠影響，它頻繁地以「雀離浮屠」「雀離浮圖」「雀離佛圖」等名字出現在漢文典籍中。來自東土西行求法或巡禮的中國僧人從阿富汗的高山上下到犍陀羅平原時，首先看到的就是這座令人震驚的宏偉高塔。法顯讚嘆道：「凡所經見塔廟，壯麗威嚴，都無此比。傳云，閻浮提塔，唯此塔為上。」玄奘於 634 年抵達這裏的時候，雀離浮圖仍在。此後隨着佛教從中亞消失，廣為中土所知的雀離浮圖也逐漸離開了世人的視野，直到 20 世紀初再次被發現。

早在 1875 年前，康寧漢就預測了雀離浮圖的位置。1909 年 9 月和 1910 年 11 月，司鵬納（D. B. Spooner）博士帶隊在白沙瓦的沙琪基泰里發掘迦膩色迦大塔遺址，它的東面出土法王或轉輪王葬塔及其造塔記。這座大塔從發掘的情形看，呈現十字的外觀，直徑達 87 米，據玄奘記載，可能高達 180 至 200 米，是在印度和中亞發現的最大的佛塔。雀離浮圖的底座周邊裝飾着繁複壯麗的灰墁圖景。[1]

發掘者從塔基底座正中的地宮中果然發現了迦膩色迦舍利函。其銘文為佉盧文，意思為：「為了接受説一切有部（Sarvāstivādin）諸師，此香函為迦膩色迦大王（Mahārāja）供養的功德禮物……在迦膩色迦城。以此功德祝願眾生福德圓滿……迦膩色迦大寺（Kanishka's vihāra）飯廳建造的主持者……」[2]

迦膩色迦舍利函的主體部份表現的是貴霜的君主，很可能就是迦膩

色迦本人。在其身旁護持的是伊朗系的日神和月神。持花環童子裝飾着整個舍利函的主體部份，呈現鮮明的希臘化風格，象徵着豐饒、生命以及再生的榮光。舍利函的蓋子邊緣裝飾了一圈飛翔的桓娑（Hamsa），一些桓娑嘴上噙着象徵勝利的花環，象徵着從六道輪迴中跳脫，這也是佛教基本理想之一。

大約在 147 年（桓帝建和元年）前後，著名的貴霜譯經僧支婁迦讖到達洛陽，開始譯經和傳教事業。佛教傳入中國，是跳過了很多沒有佛教的地區，直接到了中國的核心地區洛陽，然後以洛陽為中心開始四處傳教。這與當時商業活動的規律相符合。

支婁迦讖所譯《般舟三昧經》卷一已經涉及阿彌陀佛信仰。在葛文多—那噶（Govindo-Nagar）發現的一座雕像的基座上，出現了阿彌陀佛的字樣。根據銘文，這座雕像製作於胡毗色迦統治的第 28 年，是一個商人家族獻給阿彌陀佛的禮物。出土的貴霜文物和漢文譯經的記載，都證明阿彌陀佛信仰在 2 世紀已經流行於貴霜帝國，並且在 2 世紀下半葉由貴霜僧人支婁迦讖介紹到漢朝。

名字前面冠以「支」姓的「西域人」，基本都是貴霜人或漢文史料中的「大月氏人」。貴霜僧人或優婆塞，以傳法為志業，在早期佛教譯經事業中幾乎佔據了半壁江山。竺法護，雖然冠以「竺」姓，但並不來自印度，而是來自貴霜。安世高，雖然冠以「安」姓，其實也是來自貴霜屬地，當時都在貴霜的統治之下。

胡毗色迦的繼承者韋蘇提婆（Vasudeva I，約 191—232 年在位）應該是貴霜帝國最後一位統一王朝的君主。根據《三國志·魏書·明帝紀》的記載，在太和二年（228）十二月癸卯，大月氏王波調遣使奉獻，被曹魏封為親魏大月氏王。「韋蘇提婆」是後來學者給他的梵文拼音，在佉盧文中他的名字是「BAZOΔHO」（Bazodeo），漢語讀音接近「波調」。

在韋蘇提婆統治下，貴霜衰落了，佛教東傳仍在持續不斷進行。佛教教團為尋找新的佛土，把希望寄託到了東方。

迦膩色迦大塔塔基細部照片，裝飾着
禪定的佛陀，大英圖書館

迦膩色迦雕像，高 1.85 米，2 世紀，馬土拉博物館
迦膩色迦裙襬中間的銘文云「大王‧眾王之王‧天子迦膩色
迦」。這一頭銜顯示他作為統一君主的身份，也或許標誌其轉
輪王的身份──轉輪王即統一君主，而不是分裂政權的小王。

佛陀立像，白沙瓦博物館

韋蘇提婆錢幣，背面是印度教濕婆神

立佛，黃銅，6 世紀晚期，大都會博物館

坐佛，泥塑，塔克西拉博物館

五．犍陀羅藝術中的佛缽：宗教、政治符號及傳法信物

2014 年，印度要求阿富汗歸還被置放在喀布爾阿富汗國家博物館入口處的佛缽。今人很難想像，在魏晉南北朝時期，這件聖物在中國的宗教政治世界持續地產生了重要影響。據慧皎撰《高僧傳》，東晉興寧三年（365）四月五日，襄陽習鑿齒致書高僧道安，信中云：「自大教東流四百餘年，雖蕃王居士時有奉者，而真丹宿訓，先行上世，道運時遷，俗未僉悟。自頃道業之隆，咸無以匹。所謂月光將出，靈缽應降，法師任當洪範，化洽幽深。」[3] 「月光將出，靈缽應降」事關彌勒信仰的重要層面，也關涉佛教理想君主轉輪王的基本觀念。釋迦涅槃之後佛法經歷了法滅盡的危機，釋迦的佛缽最後傳到彌勒的手中，象徵彌勒承繼釋迦的正法，佛法得到恢復，作為佛教理想君主的轉輪王，因此被賦了了供養佛缽的責任和角色。正如佛教文獻等反覆提到的，佛缽所到之處，君民安樂，佛缽消失，人類社會則陷入災難。[4]

佛缽作為佛教的重要符號和標誌，屢屢出現在犍陀羅佛教藝術中，且往往跟彌勒信仰聯繫在一起。而在中文文獻中，關於佛缽的記載也非常豐富，一方面是中古時代西行求法高僧禮拜佛缽的記錄，另一方面是佛教關於佛缽作為傳法信物的觀念深入人心。[5]

東京國立博物館所藏的一件 2 世紀的犍陀羅浮雕或許正反映了這一史實。這件浮雕上，兩個貴霜裝束的人試圖抬起佛缽。

佛陀立像，4世紀，維多利亞和艾爾伯特博物館
立像台座上雕刻的就是禮敬佛缽的場景

　　佛教的未來救世主是彌勒，而非教主釋迦牟尼本身。彌勒信仰在中國的興起，大致在南北朝時期，典型的標誌是彌勒諸經的出現。根據這些經典，彌勒菩薩將在 56 億萬年後，繼釋迦牟尼而在此土成佛，仍然號「彌勒」，即所謂「未來佛」或者「新佛」。

彌勒立像，台座是供養佛缽的場景，拉合爾博物館

禮敬佛缽，集美博物館

禮敬佛缽，拉合爾博物館

【註釋】

1　D. B. Spooner, "Excavations at Shāh-ji-Dherī", *Archaeological Sugery of India*, 1908-9, p. 49; John H. Marshall, "Archaeological Exploration in India, 1908-9", Section on "The Stūpa of Kanishka and Relics of the Buddha", *Journal of the Royal Asiatic Society*, 1909, pp. 1056-1061.

2　有關銘文比較好的翻譯，參看 Harry Falk, "The Inscription on the So-called Kanishka Casket", Appendix, in Elizabeth Errington, "Numismatic Evidence for Dating the 'Kanishka' Reliquary", *Silk Road Art and Archaeology*, 8, 2002, p.113。

3　梁會稽嘉祥寺沙門釋慧皎撰《高僧傳》卷五《釋道安傳》，《大正藏》第 50 冊，第 352 頁中—下。西明寺沙門釋道世撰《法苑珠林》卷 16 也引述此信，所引部份內容一致，《大正藏》第 53 冊，第 406 頁下—407 頁上。

4　有關佛缽在犍陀羅藝術中的表現，參看 Kurt A. Behrendt, *The Art of Gandhara in the Metropolitan Museum of Art*, Behrendt, 2007, p. 53; John M. Rosenfield, *The Dynastic Arts of The Kushans*, Berkeley and Los Angeles, University of California Press, 1967, pp. 222-223; 等等。

5　有關圖像資料論證佛缽與彌勒繼承正法關係密切的研究很多，比如宮治昭著，李萍、張清濤譯《涅槃和彌勒的圖像學》，北京：文物出版社，2009 年，第 501 頁；Rowland, "Bodhisattva or Deified Kings: A Note on Gandharan Sculpture", *Chinese Art Society of America Archive*, Vol.15, 1961, p. 6, Fig.1; 李靜杰《佛缽信仰與傳法思想及其圖像》，《敦煌研究》2011 年第 2 期，第 41—52 頁。

第三章

佛本生故事和佛傳故事在犍陀羅的再造

佛陀本生故事和佛傳故事是犍陀羅佛教藝術的重要主題。根據出土的犍陀羅浮雕來看，這些故事很可能是由大乘佛教的知識分子為了宣教而不斷創作和宣揚的。佛教在犍陀羅地區的新發展，推動了佛本生故事和佛傳的流傳。這些故事裏，可能增加了很多犍陀羅當地的傳統習俗元素。有些故事應是民間故事的改頭換面，通過家喻戶曉的民間傳說宣揚佛陀的教義和精神。

相對佛本生故事浮雕，佛傳浮雕在犍陀羅藝術中佔據了更大的比重。幾乎每一個宗教都對描述自己傳教先驅的事蹟傾注了巨大的心血，釋迦牟尼的人生經歷，他的出生、成道、傳法、涅槃，不僅是佛陀自己的「發家史」，也是佛教神聖歷史的一部份，也是理解佛教精神的重要線索，甚至具備「經」的神聖性。正是因為釋迦牟尼出現在世間，眾生的命運才發生了根本性的改變。佛傳故事的塑造和藝術呈現，不僅是對佛陀個人的緬懷，也是對整個佛法精神的敬畏和虔敬。

大隧道本生，犍陀羅，洛杉磯縣立藝術博物館

一. 輪迴到犍陀羅的佛陀前世：犍陀羅藝術中的佛本生故事

佛教的生命觀以輪迴為核心理念，佛陀之所以成為佛陀，是他經歷了累世的修行，積累了無盡的功德。本生（Jātaka）就是佛陀前生的故事，是記載釋迦牟尼在過去輪迴中修行菩薩道的事蹟。在漢文佛經中，這個詞被翻譯為「闍多伽」「闍陀」，又意譯為「本生經」「本生譚」「本緣」等。

佛本生故事有一個不斷構建增加的過程。隨着佛教在犍陀羅地區的流傳，吸收當地的民間傳說，不斷增補，最後形成了現在的規模。有些本生故事在印度本土並不流傳。

犍陀羅藝術中的佛本生故事，強調最多的是施捨的精神。這是大乘佛教的一個重要改變：除了通過苦修能夠得到解脫外，施捨也是重要的修行法門。這給更多的社會階層，比如商人，打開了一扇修行的大門，為佛教吸引了大量的追隨者。

根據文獻記載和考古成果推斷，曾經在犍陀羅地區流行的佛本生故事至少包括燃燈佛授記、睒子本生、尸毗王本生、六牙象本生、摩訶薩埵那捨身飼虎本生等。公元 4 世紀，中國西行求法高僧法顯到訪犍陀羅地區，記載了他在犍陀羅見到的四則本生故事浮雕。這四個本生故事有個共同點，就是其發生地點（聖蹟），都在大犍陀羅地區。

佈施的最高境界是捨己為人，尸毗王本生就是這樣的一個典型。關於尸毗王捨身的故事有多個版本。《賢愚經》卷一和《菩薩本生鬘論》都有詳細描述：釋迦牟尼前世為尸毗王，為了拯救被老鷹追殺的鴿子，尸毗王「即取利刀自割身肉，持之與鷹，貿此鴿命」。這一主題，在犍陀羅藝術中有生動的表現。

北魏時，據《洛陽伽藍記》記載，宋雲等曾奉命專門到犍陀羅地區巡禮尸毗王本生聖蹟。北魏 254 窟北壁前部也畫有尸毗王本生故事，內

容更加生動，增加了鷹追鴿子，鴿子向尸毗王求救的細節，並且在尸毗王割肉過程中，有眷屬痛哭的場景。相比已發現的犍陀羅浮雕，情節演進更加具體，細節更加豐富，是敦煌莫高窟不可多得的藝術珍品。

中國歷來提倡孝行。二十四孝的故事，一度在民間廣為流傳。二十四孝故事中，有一個是睒子鹿乳奉親。這則儒家二十四孝的故事實際上來自佛教。西晉聖堅譯《佛說睒子經》就講述了這一故事。在犍陀羅，我們也看到了這一主題的浮雕。據玄奘《大唐西域記》的記載，故事發生在犍陀羅：「（健馱羅國）化鬼子母北行五十餘里，有窣堵波，是商莫迦菩薩恭行鞠養，侍盲父母，於此採果，遇王遊獵，毒矢誤中。」商莫迦菩薩，就是我們通常所說的睒子。因其恭行菩薩道，所以被稱為菩薩。

受到犍陀羅藝術的影響，有關睒子本生的藝術題材也跟着東進，敦煌莫高窟第 299 窟的壁畫中，國王騎馬拉弓，睒子在汲水，旁邊飲水的鹿群驚醒，狐狸探視，異常生動，是北周壁畫的代表作。

如果說睒子本生是從正面推崇孝道的話，犍陀羅藝術中的彌蘭本生則是從反面提倡孝道。彌蘭本生故事主要的情節是：釋迦牟尼前世未成道的時候，是個名叫彌蘭的商人，非常不孝順，被鬼吏捉住，遭受鐵輪走頂的痛苦。最後佛陀總結，「不孝父母師，車輪踐之，當如彌蓮（彌蘭）矣」。從犍陀羅的斯里巴哈勞爾（Sahri Bahlol）等地出土的浮雕殘片，生動地描述了彌蘭的出海經商之旅以及因不孝受到懲戒的故事。

另一個被改造到犍陀羅的故事，是獨角仙人（Ṛṣyaśṛṅga）的故事。7 世紀初，玄奘西行求法，在犍陀羅地區聽聞此故事。在其《大唐西域記》有關犍陀羅的記載中，他寫道：從健馱羅國的彈多落迦山（Dantaloka-giri），「西北行百餘里，越一小山至大山。山南有伽藍，僧徒鮮少，並學大乘。其側窣堵波，無憂王之所建也。昔獨角仙人所居之處。仙人為淫女誘亂，退失神通，淫女乃駕其肩而還城邑」。獨角仙人的故事原見《羅摩衍那》，但是顯然，根據玄奘的記載，犍陀羅地區

尸毗王本生，片岩浮雕，2—3 世紀，大英博物館

畫面中央一個人持秤，正在度量鴿子和尸毗王割下的肉的重量。左邊一個王者形象的人，坐在華蓋之下，左手搭在侍女的肩上，侍女攙扶着他，即為尸毗王。尸毗王左腿抬起，其下方一個人手持尖刀，正在割取上面的肉。一隻鴿子躲在尸毗王的腳下，尋求保護。上方有一老鷹，已損毀。右側兩個人物形象都有背光，其中一個手持金剛杵，應該是帝釋天，另外一個是毗首羯摩天。場景中所有人都注視着尸毗王，似乎空氣凝滯了，尸毗王的痛苦和志求菩提的決心，被完美地表現出來。

睒子本生，白沙瓦博物館

畫面中，國王射出的箭正中睒子胸口。可能是供奉型窣堵波的裝飾構件。

彌蘭本生，白沙瓦博物館

在表現彌蘭遭受鐵輪走頂懲罰的場景中，彌蘭雙手扶鐵輪，旁邊一人手持大棒，似乎是漢文文獻中描述的鬼吏。

獨角仙人本生，拉合爾博物館

畫面中，扇陀已經征服獨角仙人，騎在他的脖子上回到城中。

的民間說法已經把獨角仙人本生故事發生的地方認定為犍陀羅。塔克西拉博物館和加爾各答印度博物館所藏獨角仙人浮雕只保留了前半部份：獨角仙人的父親——一個婆羅門仙人——在草廬前苦修，懷孕的母鹿生下獨角仙人。

佛本生故事中有很多是關於愛情、背叛、嫉妒等內容的。在犍陀羅藝術中，此類主題並沒有因為與佛教拋卻塵緣的精神不符而被摒棄。比如阿瑪拉本生，講的是美麗的阿瑪拉用智慧懲罰騷擾她的鄰居的故事。

六牙象本生浮雕則是講了一個因嫉妒生恨的故事。根據《雜寶藏經》描述，佛陀在前世曾經是一頭六牙白象。他的小夫人因為嫉妒，轉生為梵摩達王的王妃，讓獵人去獵取六牙白象的象牙。白象死前得知緣由，佈施象牙，願將來可以被除眾生的貪嗔癡。

犍陀羅本生故事浮雕中有一類主題跟迦樓羅有關。迦樓羅（Garuḍa），一般稱為金翅鳥或大鵬金翅鳥，又譯「揭路荼」。

在犍陀羅藝術中，迦樓羅經常被描述為跟龍爭鬥的形象。最常見的迦樓羅形象，是他摟持一個女性。這個故事，講述的是卡卡蒂本生故事，在這個故事裏，迦樓羅王拐走了波羅奈國（Benares）的卡卡蒂王后。

犍陀羅佛本生浮雕中，表現最多的主題是佈施。佈施自己的身體和生命，除了前文提到的尸毗王本生，另一個典型的例子是摩訶薩埵那捨身飼虎本生；而佈施自己的財物，最極致的例子是須大拿本生，故事中須大拿佈施財物、車馬、衣服，甚至妻兒。摩訶薩埵那的捨身飼虎故事，在中亞和東亞都非常流行，奇怪的是，在南傳佛教中卻不見這一主題的任何文字記載和圖像。種種跡象標明，這個故事的發源地是犍陀羅。

北涼法盛譯《菩薩投身（飴）餓虎起塔因緣經》，在文末記載了摩訶薩埵那太子捨身飼虎的故事發生在犍陀羅，國王為其修建了名為「菩薩投身惡虎塔」的窣堵波。據法盛描述，當地人凡是有病的，就到該塔禮拜供養。

阿瑪拉本生，2—3 世紀，17.79 厘米 × 47.02 厘米，斯里巴哈勞爾出土，白沙瓦博物館

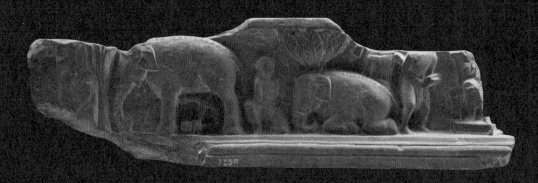

六牙象本生，拉合爾博物館

浮雕具有中印度藝術特點，從左到右，故事情節依次展開，手法簡潔明快，具有世俗化的特點。現存四個場景，白象站在樹下，隱藏的獵人舉弓欲射；白象早有覺察，自己跪下，讓獵人鋸掉象牙；獵人將象牙獻給王后；再後面有所殘缺，或許是王后心臟破裂而死。

迦樓羅拐走王后，片岩浮雕，33.3 厘米 ×25.1 厘米，貴霜時期，大都會博物館

博物館題為「迦樓羅消滅龍種」，但其實是佛本生故事。在這幅雕像中，迦樓羅已化身為一隻
金翅鳥，不但鳥首，身體也是鳥形。圖中，身形巨大的迦樓羅將身材婀娜的王后抱在身前，這
種造型在犍陀羅浮雕中常見。除了站在他身前的王后，還有兩個男性形象分別位於其羽翼之下。

迦樓羅拐走王后，維多利亞和
艾爾伯特博物館

迦樓羅拐走王后，白沙瓦博物館

迦樓羅拐走王后，白沙瓦博物館

　　這個主題在東亞流傳甚廣，敦煌莫高窟一共有 15 幅捨身飼虎壁畫，最早的是北魏 254 窟。日本奈良法隆寺的「玉蟲廚子」（飛鳥前期，即 7 世紀中葉）上，也繪有捨身飼虎的場面。2008 年在南京長干寺地宮出土的鎏金七寶阿育王塔（1011 年造）上，也有捨身飼虎的圖像。

　　須大拿本生題材分佈也極為廣泛。較早的漢文譯經是十六國時期聖堅譯《須大拿太子經》（《大正藏》第三冊）。在此經中，須大拿是葉波國國王濕波之子。葉波國，即犍陀羅。玄奘在《大唐西域記》中記載：犍陀羅跋虜沙城城北，有窣堵波（佛塔），是須大拿太子（唐言善牙）以父王大象施婆羅門處；跋虜沙城東門外有窣堵波，是婆羅門求施須大拿太子兒子女兒後販賣的地方；「跋虜沙城東北二十餘里至彈多落迦山，嶺上有窣堵波」，是太子施捨子女給婆羅門的地方。在玄奘的時代，這一本生故事的發生地，也被認定為犍陀羅。

　　犍陀羅浮雕中有大量關於須大拿本生故事的作品，大英博物館、塔克西拉博物館以及白沙瓦博物館都藏有須大拿本生浮雕殘片。大英博物館所藏的須大拿本生浮雕包括四幅，很可能是佛教建築階梯上的浮雕。四塊浮雕依照時間演進順序描繪了四個場景：太子佈施戰象須檀延給敵國；流放途中施捨財物；林中苦修；佈施兒女給婆羅門。

須大拿本生，波士頓博物館

浮雕殘破，僅存右邊部份，裝飾有坐佛，畫面中一個人手牽戰象的鼻子，似乎是將其佈施給請求施捨的婆羅門。

須大拿太子本生，大英博物館

二. 將釋迦牟尼的生命歷程開端定在犍陀羅：燃燈佛授記

　　佛本生故事轉向佛傳故事的轉捩點是燃燈佛為未來的釋迦牟尼佛授記，即預言後者將在未來成為新的佛。這個時間邏輯也發生在彌勒信仰中——彌勒被認為是未來的新佛，而為他授記的是釋迦牟尼佛。這也解釋了為甚麼反映彌勒信仰的佛教浮雕中會出現燃燈佛授記的場景。這兩者所反映的宗教信仰是一致的。一方面，燃燈佛授記開啟了釋迦牟尼成佛後的時代，給釋迦牟尼在時空裏找到了某種確切的定位，增加了宗教吸引力。另一方面，彌勒授記也是從燃燈佛授記接續的，過去已經成功的授記，為彌勒授記提供了歷史合法性。

　　燃燈佛授記，既可以被視為佛本生故事，也可以被視為佛傳故事的開端。在犍陀羅佛教藝術中，燃燈佛授記非常重要，在犍陀羅現在所保存的本生浮雕中，其數量之多也令人驚訝。

燃燈佛授記，斯瓦特地區，2 世紀，大都會博物館

令人奇怪的是，這一佛教藝術主題在印度本土並不存在，在犍陀羅地區尤其是賈拉拉巴德和迦畢試地區卻發現很多。這說明有關燃燈佛為釋迦菩薩授記的觀念和信仰，曾在這一地區非常盛行。其實，燃燈佛授記這一觀念帶有強烈的地方色彩。

燃燈佛在過去世為釋迦菩薩授記，這一故事的主角實際上不是燃燈佛（Dipankara），而是釋迦牟尼的前世儒童（Sumati）。在《佛本行集經》卷三中，燃燈佛授記的故事，是通過釋迦牟尼自己的嘴講出來的：「時燃燈佛⋯⋯從外來入蓮花城中。我時貴此七莖蓮花，遙見佛來，漸漸至近⋯⋯ 我時即鋪所有鹿皮，解髮佈散，覆面而伏，為佛作橋。一切人民，未得踐過⋯⋯時燃燈佛告比丘言：『此摩納婆，過於阿僧祇劫，當得作佛，號釋迦牟尼⋯⋯』」[1]

燃燈佛授記的故事情節，漢文佛經的記載，和犍陀羅浮雕的表現，幾乎是一致的。犍陀羅的燃燈佛授記浮雕，多採用一圖多景的表現手法——在同一個畫面中，燃燈佛只出現了一次，而故事情節則有多個。一般來說，犍陀羅的燃燈佛授記浮雕，主要包括四個情節：買花、獻佛、佈髮掩泥、升空。以燃燈佛為中心，通過儒童經歷的四個情節，從左往右排列，呈現時間演進的次序。出自犍陀羅西克里（Sikri）的浮雕是具有代表性的作品。犍陀羅這一主題浮雕的主要圖像特徵，一個是將頭髮鋪在地上讓燃燈佛踩過的儒童形象，一個是五朵蓮花駐留在空中不落下來。

佛教典籍中有關燃燈佛授記的地點，也被比附於賈拉拉巴德地區，玄奘時代稱為那揭羅曷國（Naharahara）。《大慈恩寺三藏法師傳》稱其城為燈光城（Dipankara），或許與燃燈佛授記思想有關。玄奘在西行求法途中經過此地，也描述了燃燈佛授記的聖蹟。《大唐西域記》卷二記載，在其城東二里，有高達三百餘尺的窣堵波，是燃燈佛為釋迦牟尼授記的地方。後來無憂王（阿育王）在這裏修建佛塔紀念。在它的南邊有一個小的窣堵波，根據玄奘的記載，正是昔日儒童佈髮掩泥的地方。城

燃燈佛授記（儒童佈髮掩泥），拉合爾博物館

燃燈佛授記（儒童佈髮掩泥），大英博物館

西南十餘里一處窣堵波，則是儒童買蓮花的地方。而在燃燈佛為釋迦佛授記的地方，玄奘繞塔禮拜，表達了他的崇敬之情。

貴霜時期，迦畢試（今貝格拉姆）為其夏都。而從目前知道的佛教浮雕來看，迦畢試樣式似乎特別喜歡「授記」的藝術主題。原喀布爾博物館藏有多尊此類佛像。迦畢試樣式一般是威嚴的正面造型，佛像巨大，佔據畫面的中心，且帶有雙神變的異相——佛陀雙肩發出火焰，腳下出水。迦畢試的燃燈佛授記，突出的是授記的畫面。

燃燈佛授記題材的浮雕中，有時候會出現禮拜「佛鉢」的情景。有的是在燃燈佛授記浮雕的基座上，雕刻着眾人禮拜佛鉢的情景。有的是在燃燈佛授記場景當中，有手捧佛鉢的人物形象。這些都跟彌勒授記聯繫在一起。

近年來在阿富汗艾娜克（Mes Aynak）發現的一塊佛教浮雕，也是燃燈佛授記，而且給我們提供了很多新的信息。

艾娜克，在普什圖語中是「小銅礦」的意思。佛教遺址位於阿富汗首都喀布爾東南 38 公里處的一塊荒蕪的土地上。在這裏，發現了四百多座佛塔、佛像以及百餘英畝的佛教寺院群。艾娜克出土的最早的錢幣屬於迦膩色迦（約 127—150 年在位）。可能正是在這位貴霜君主統治時期，艾娜克繁榮起來，成為礦業中心和佛教中心。

在艾娜克出土的精美壁畫、高品質的錢幣、泥塑佛像和菩薩像、佛教石雕都清楚地顯示，這裏跟同時代的佛教中心哈達、巴米揚等地一樣，不但是當時的經濟中心，而且是佛教藝術的中心。犍陀羅曾經是人類文明的十字路口，來自希臘、波斯、印度的不同信仰和藝術在這裏交匯。艾娜克的考古發現，喚起了其作為犍陀羅經濟中心和信仰中心以及中亞絲綢之路重要節點的歷史記憶。艾娜克的地理位置非常特殊，跟大犍陀羅地區的重要文明點都相距不遠。沿着絲路商隊或者中古時代西行巡禮的中國僧人的腳步，從艾娜克出發，往東就是保存了眾多佛陀遺物的那揭國（即賈拉拉巴德），進入白沙瓦平原，就到了貴霜帝國的都城

窣堵波，艾娜克遺址

坐佛，艾娜克遺址

菩薩立像，艾娜克出土，
阿富汗國家博物館

布路布不邏，也就是中國文獻中的弗樓沙和今天巴基斯坦的白沙瓦，往西就通往巴米揚，可以看到那裏的兩座巨佛。

艾娜克成為犍陀羅地區的經濟中心、信仰中心和藝術中心，不同於巴米揚、迦畢試等地的重要原因，是它的經濟形態。跟巴米揚和迦畢試不同——兩者的繁榮與絲路貿易緊密相關——艾娜克的繁榮主要是銅礦開採帶來源源不斷的收入。

艾娜克出土的佛教藝術品中，包括大量精美的泥塑佛像，有的高達四、五米，仍殘留各種顏色的彩繪痕跡。甚至還包括一座高 20 厘米的木雕佛坐像，這是至今唯一保存完整的犍陀羅木製坐佛，佛陀結跏趺坐，施無畏印，端坐於蓮花座上。但是對筆者而言，最感興趣的是艾娜克出土的一塊燃燈佛授記題材的浮雕，鍍金彩繪，高 41 厘米，寬 25 厘米，時代大約屬於 3—5 世紀。這一片岩浮雕，是典型的犍陀羅風格佛教石雕，但有其獨特之處。從藝術形式上看，鍍金彩繪能夠保存如此完好已屬罕見，而且浮雕的背面是彩繪的佛教畫——可能是佛傳故事裏的初轉法輪；更為重要的是，其提供了豐富的歷史信息，而在之前出土的文物或文獻裏，並未發現。它們可以讓我們對佛教史和中古史上的一些重大問題有更加清晰的認識。

艾娜克出土的這塊燃燈佛授記浮雕，採用犍陀羅藝術中常見的一圖多景手法描述故事。浮雕中包括佈髮掩泥的儒童、手持蓮花的儒童、升入虛空禮拜的儒童，分別表現三個情節。燃燈佛形象高大，結無畏印，佔據畫面的主要部份。在其頭頂，是停在空中而不落下的蓮花。如果僅從這些細節看，似乎這塊浮雕跟其他犍陀羅出土的燃燈佛授記浮雕並無二致。但如果把浮雕基座內容也納入圖景中，就會發現，這是之前從未發現的類型——在浮雕基座上，出現了四人手持蓮花禮敬佛缽的景象。佛缽位於中央，兩邊分別站立兩人，一僧一俗，相互對應。可以說，將佛缽信仰和燃燈佛授記連在一起，這是唯一的圖像實物證據。

燃燈佛授記的信仰和聖蹟，可能是犍陀羅「再造」佛教聖地運動的

鍍金石膏佛陀面相，艾娜克出土，
阿富汗國家博物館

木雕坐佛，艾娜克出土，阿富
汗國家博物館

泥塑佛像，艾娜克出土，阿富汗國家博物館

燃燈佛授記浮雕正面，艾娜克出土，阿富汗國家博物館

一部份。燃燈佛授記「發生」的地點，就在艾娜克以東不遠的賈拉拉巴德，這讓燃燈佛授記這一主題，帶有了地方信仰的色彩。而這一浮雕基座上的佛缽，是重要的佛教聖物。艾娜克繁榮的時代，它就保存在貴霜帝國的都城布路沙布邏。距離首都不遠的經濟中心艾娜克的居民，他們當中不少人應該曾去布路沙布邏親身禮拜佛缽。浮雕基座描述的景象，當為艾娜克僧俗大眾所熟知的、在現實中存在的場面。

艾娜克出土的這塊燃燈佛授記浮雕跟之前迦畢試紹托拉克出土、藏於喀布爾阿富汗國家博物館的浮雕在構圖上非常相近，只不過是將彌勒換成了佛缽，但表達的基本宗教意涵是一樣的——佛缽本來就是彌勒成道的傳法信物。可見彌勒信仰在當時的大犍陀羅地區是一種廣泛信仰的觀念。

再看浮雕的背面，就更加清楚了。浮雕背面，中間是結跏趺坐的佛陀，還有六個人物形象。雖然模糊，但佛陀身後一人卜身穿橫紋服飾，類似武士形象，可以判斷為佛陀的護衛執金剛神；其他五人都是純棕紅色服飾，可以判斷為五比丘。那麼，整個彩繪可判斷為描述的是釋迦牟尼初次講法，或者說「初轉法輪」。初轉法輪是犍陀羅佛傳故事浮雕常見的主題之一，除了聽法的五比丘之外，原型來自赫拉克勒斯的執金剛神，也是常見人物形象。而且，這塊艾娜克浮雕背面彩繪中的釋迦牟尼，結跏趺坐，施傳法印，其手勢不是無畏印，也不是禪定印，而是講法的手勢。這也更加佐證了上述判斷。

如果把這塊艾娜克燃燈佛授記浮雕視為一個整體，那麼其表達的宗教意涵，應該不是隨意的，而是圍繞着一個主題展開。浮雕主體部份，是過去佛燃燈佛給現在佛釋迦牟尼授記；背面的彩繪，是釋迦牟尼修行得道後的初次說法；基座部份，是釋迦牟尼佛傳法給未來佛彌勒的信物。整個的意涵，就是在表達「傳法」的主題：燃燈佛授記→釋迦牟尼初次講法→傳給彌勒佛缽。貴霜時期，彌勒信仰興起，成為重要的信仰和思潮。艾娜克出土了大量高品質的貴霜錢幣。在一種迦膩色迦錢幣

燃燈佛授記，紹托拉克出土，集美博物館

燃燈佛授記浮雕背面彩繪，艾娜克出
土，阿富汗國家博物館

上，有彌勒結跏趺坐的形象，這或許能給上述論斷提供一個小小的註腳。

燃燈佛授記將佛傳故事的開端，從佛陀出生，提前到了燃燈佛授記，將地點從佛陀故土轉移到了犍陀羅。這就是為甚麼佛傳故事，不論是文獻還是圖像，往往將燃燈佛授記這一情節放在最開始部份的原因。雖然這個故事從內容到形式都是佛本生故事的邏輯，但是它的作用卻是佛傳故事的開篇。

佛傳浮雕，燃燈佛授記，拉合爾博物館

三.犍陀羅藝術中的佛陀一生：從出生到成道

　　文獻和藝術品中的佛陀，從根本性質上說，有雙重的屬性。一方面，他是神聖的，具有難以想像的神通、智慧和法力；另一方面，他又是「真實存在」的一個人物，存在於特定的歷史時空，他的重要性和神聖性，也必須在特定的歷史脈絡裏才能獲得解釋和闡發。這兩種屬性合而為一，在字裏行間、雕塑壁畫中共同塑造了受眾能夠理解和接受的釋迦牟尼。佛陀一生簡單的歸納，包括出生、成道、傳法、涅槃四個階段，這四相圖是描繪釋迦牟尼故事的基本架構。以四相為基礎，可以擴展為五相圖、八相圖和十二相圖。如果擴展開來，相關的佛傳場景有一百多個。

　　犍陀羅佛傳浮雕附屬於寺院、窣堵波等佛教建築，出現在階梯、牆壁、門廊等地方，用最激動人心的高潮情節來表現一個佛傳主題，再通過多幅精心挑選的主題故事，組合起來，呈現釋迦牟尼的生命歷程。窣堵波台基側面的佛傳浮雕，如繪製連環畫一樣，把佛陀的一生呈現供養者的眼前。當虔誠的供養者右旋繞塔禮敬時，就如同親身經歷了一遍佛陀的心路歷程。窣堵波裏面保存着釋迦牟尼的遺骨，外面是講述他神聖事業的浮雕，構造出神聖的空間和氛圍——比如最典型的出土於西克里（Sikri）的奉獻窣堵波，圍繞塔一周展現了佛陀神聖人生歷程中的 13 個最重要的場景：「燃燈佛授記」「菩薩在兜率天上等待轉生為釋迦太子」「樹下觀耕」「降伏阿波羅邏龍王」「吉祥獻草」「四天王獻鉢」「梵天勸請」「佛陀的禪定」「佛陀給三十三天説法」「菴婆波利的拜訪」「帝釋窟禪定」「阿拉毗克皈依」「獼猴獻蜜」。通過這 13 個場景，讓信仰者了解佛陀成道的來龍去脈以及傳法降魔的光輝歷程。

　　犍陀羅佛傳浮雕表現的這種歷史感，有些學者認為是受到了希臘文化的影響。這種嚴格按照人物生平次序來展現一個聖人、一種宗教的來龍去脈的做法，確實是一種非常成功的宗教藝術形式，而這種形式，後

佛傳窣堵波，西克里出土，拉合爾博物館

犍陀羅的藝術家們選取了佛傳故事中的 13 個代表性主題，展現釋迦牟尼傳法的一生。從內容看，基本上圍繞佛陀得道傳法展開。

來也對東亞宗教塑造宗教先驅和聖徒的形象產生了深刻的影響。

有關釋迦牟尼生平的漢文早期譯經很豐富，比如馬鳴（Aśvaghoṣa）——貴霜時代重要的佛教學者，曾擔任迦膩色迦一世的重要謀士——在公元 2 世紀創作的《佛所行讚》（Buddhacarita，五卷）在北涼時由曇無讖譯出。成書於公元 1—3 世紀的《佛說普曜經》（八卷），最早在西晉時由竺法護譯出。還有東漢晚期竺大力等譯《修行本起經》（兩卷）、支謙譯的《太子瑞應本起經》（兩卷），劉宋時期求那跋陀羅翻譯的《過去現在因果經》（四卷），隋代闍那崛多翻譯的《本行集經》（六十卷）等。

等候轉生，西克里宰堵波浮雕，拉合爾博物館

釋迦在兜率天等候轉生為太子，他以菩薩裝扮出現，有頭光，周圍天人合掌禮敬。

　　圖像作為歷史記憶的載體，與文本文獻有區別。圖像的創造者受到所處文化、思想、信仰世界的影響，自身的藝術修養和社會背景也都會影響到他們的創作。比如在漢文文獻中，執金剛神（Vajradhāra）並沒有那麼重要的地位，但是在犍陀羅的佛傳雕刻中，執金剛神始終是非常關鍵的角色，他充當着佛陀侍從和保鏢的角色。犍陀羅藝術中表現釋迦牟尼年輕時的場景，比如去學堂學習、比試武藝等情節，在印度本土的佛教藝術（比如巴爾胡特）中是看不到的，很可能是犍陀羅地區的獨創。

　　燃燈佛授記之後，經歷諸多轉世修行，那個為燃燈佛佈髮掩泥的儒童將成為釋迦牟尼。漢文譯經比如後漢西域三藏竺大力共康孟詳譯《修行本起經》（《大正藏》第三冊）也是從燃燈佛授記講起的，但是記載燃燈佛授記之後，儒童要反覆轉世修行，最終釋迦菩薩在兜率天（未來的彌勒菩薩也在這裏等候下生）上，「興四種觀，觀視土地，觀視父母，生何國中，教化之宜先當度誰」，然後選定了出生的地點、自己的父母，以及將來先度化誰。這一漢文史料記載的情節，在犍陀羅浮雕裏有表現。斯瓦特博物館藏的一塊浮雕，由四個場景組成，上半部表現了釋迦菩薩在兜率天上準備下生，下半部表現的是「白象入胎」和「淨飯王占夢」。同樣的內容，也能夠在拉合爾博物館的佛傳浮雕中找到。

1. 白象入胎

　　釋迦菩薩下生時，佛教經典一般描述為「化乘白象，來就母胎」。淨飯王召相師占夢。相師云：「此夢者，是王福慶，聖神降胎，故有是夢。生子處家，當為轉輪飛行皇帝；出家學道，當得作佛，度脫十方。」（《修行本起經》）在犍陀羅藝術中，表現白象入胎和淨飯王占夢場景的作品都有保存。其中白象入胎前後發現三十多件，可見是當時非常流行的宗教藝術主題。

犍陀羅浮雕中，常常將飛來的白象刻劃在圓盤上，似乎是顯示「託胎靈夢」的意境。圓盤的符號意涵，至少是把世俗和神聖空間分開，呈現神異色彩。從藝術風格看，犍陀羅「白象入胎」浮雕帶有當時典型的希臘藝術風格，具有寫實主義特徵，圖景中的女性曲線和面容都非常美好。

　　犍陀羅的「白象入胎」浮雕中，白象都是左側橫臥。這樣一來，白象就是從摩耶夫人的右脅進入體內，正好和佛教典籍中關於佛陀從摩耶夫人右脅出生的記載相吻合。右脅而生，符合釋迦牟尼的刹帝利身份。在場景中，摩耶夫人往往躺在一個梯形建築之下，這個梯形建築象徵着淨飯王的王宮。通常有手持長矛或腰挎寶劍的女衛兵。在大都會博物館所藏的「白象入胎」浮雕中，似乎有梵天和帝釋天的出現，見證這個偉大的時刻。

占夢，大英博物館

白象入胎，拉合爾博物館

白象入胎，2世紀，大英博物館

白象入胎，大都會博物館

2. 右脇而生和太子沐浴

關於釋迦太子的出生，漢文譯經多有描述。《修行本起經》記載，摩耶夫人出遊，過流民樹下，「眾花開化、明星出時，夫人攀樹枝，便從右脇生墮地」。而南朝劉宋求那跋陀羅譯《過去現在因果經》增加了一些細節，比如釋迦太子一落地，沒人扶持，就自行七步，舉手而言：「天上天下，唯我為尊。三界皆苦，吾當安之。」（《修行本起經》）東亞佛教中，存在一個佛陀右手指天，左手指地，做「天上地下，唯我獨尊（佛性獨尊）」的獅子吼狀。但是在犍陀羅，只有右手施無畏印的造型，並沒有手指天地的例子。手指天地的造型，可能是進入漢地的新創造。

在犍陀羅「右脇而生」浮雕中，帝釋天和梵天往往同時出現，帝釋天用布接住太子，而梵天在一旁注視着。除了諸神，場景裏經常包括鼓手、豎琴等伎樂元素；另外有手持水瓶、豐饒角、棕櫚葉拂塵的侍女們。

釋迦太子出生之後，最重要的一項儀式就是灌頂。比如《修行本起經》記載，「有龍王兄弟，一名迦羅，二名鬱迦羅，左雨溫水，右雨冷泉」，給太子沐浴。灌頂有給受洗者加注神聖性的意涵，佛誕日也因此被稱為浴佛節。

在中土，早在 4 世紀，浴佛已經成為風俗。《鄴中記》記載石虎（295—349 年）年舉辦九龍灌頂儀式，「四月八日，九龍銜水浴太子之像。」九龍浴佛是中土佛教藝術和建築常見的主題，至今仍常見於佛寺建築之中。但是在犍陀羅的佛教藝術中，並沒有九龍吐水的表現形式。漢文譯經中，唯一提到九龍吐水的是西晉竺法護譯《普曜經》卷二：「九龍在上而下香水，洗浴聖尊。」

右脇而生，大都會博物館

右脇而生，2—3世紀，弗利爾美術館

右脅而生，拉合爾博物館

灌禮，白沙瓦博物館

新生太子站立在三腳凳上，龍王兄弟似乎是從圓壺狀容器中傾倒出水給新
生的太子灌頂。

灌禮，大英博物館

3. 仙人占相和坐騎出生

根據漢文佛典記載，諸梵志相師為他取名「悉達」（Siddhārtha，漢言財吉）。釋迦牟尼是後人對佛陀的尊稱，意思是「來自釋迦族的修行成就者」或者「釋迦族的聖人」。淨飯王命將太子抱去禮拜神像，結果「諸神形像，皆悉顛覆」。

釋迦太子出生之後，仙人阿夷（阿私陀）來為其占相。阿夷見太子「奇相三十二、八十種好，身如金剛，殊妙難量，悉如秘識，必當成佛」（《修行本起經》）。

釋迦太子出生的同時，他的坐騎揵陟（kāṇthaka）和馬夫車匿（Chandaka）也在同時出生了。三國吳支謙譯《太子瑞應本起經》記載：「太子生日，王家青衣，亦生蒼頭，廄生白駒，及黃羊子。奴名車匿，馬名揵陟。王后常使車匿侍從，白馬給乘。」[2] 這一異象在犍陀羅藝術中也有表現。比如白沙瓦博物館藏「坐騎及馬夫同時出生」浮雕中，就表現了馬夫和坐騎跟釋迦太子同時出生的場景。

這個車夫在佛教教義裏是個很特殊的角色。在犍陀羅浮雕的多個場景中他都出現了。車夫的名字在漢文佛典中被翻譯為「車匿」，也被翻譯為「闡陀」「闡鐸迦」等。釋迦太子的白馬，名叫揵陟，漢文典籍中又作「揵德」「騫特」等。後來釋迦太子四門出遊、逾城出走時，乘坐的就是這匹白馬。

歸城，大英博物館

圖中可見摩耶夫人懷抱新生的釋迦太子

仙人占相，拉合爾博物館

右邊是淨飯王夫婦，左邊仙人阿夷接過侍女手中的釋迦太子，置於自己膝蓋上觀看。

4.　佛陀在學堂和競試武藝

根據佛教典籍記載，淨飯王希望能夠用愜意的生活和榮華富貴取悅太子，打消他成道的念頭。而且宮牆牢固，門開門閉，聲音傳到 40 里外。只要太子離開宮殿，聲音就會傳出（《修行本起經》）。

釋迦太子從七歲起開始學習。他向毗奢蜜多羅（Visvimitra）學習文化知識，向羼提提婆（Ksantidiva）學習武藝。毗奢蜜多羅在漢譯佛典中常譯作「選友」，是一位文學修養極高的婆羅門；羼提提婆在漢譯佛經中常作「忍天」，是釋迦族的一位擅長武術和兵法的名師。佛經中多處提到，太子是坐着羊車去上學的。比如支謙譯《太子瑞應本起經》云：「及至七歲，而索學書，乘羊車詣師門。」犍陀羅佛傳藝術中，保存了少年釋迦乘羊車去學堂的場景。

漢文文獻中都提到，少年釋迦是乘坐羊車上學。但是在犍陀羅佛傳藝術中，有描述太子騎着一隻黃羊上學的浮雕作品。這種變通，不知道在當時是否有文獻依據，或者僅僅是當時藝術家的想像和藝術創作。

犍陀羅浮雕中表現佛陀上學的作品存留不多，比較典型的是白沙瓦博物館所藏的「佛陀在學堂」浮雕，展現了佛陀在老師面前請教問題的場面，在這一場景中，少年釋迦始終都有背光。佛陀老師（毗奢蜜多羅？）手持寫字板，寫字板上是佉盧文，解讀出來的意思是「自己與他人的幸福」。這種寫實主義的表現手法，也印證了當時佉盧文在佛教傳播中的重要作用。

除了學習文化知識，佛陀也學習武藝。漢譯佛典中有「競試武藝」的主題，主要講述佛陀在年少時跟他人比試武藝的故事，有的是為了得到美麗的耶輸陀羅——《佛本行集經》中提到，耶輸陀羅的父親提出，「國中勇武技術最勝者」方可迎娶耶輸陀羅為妻。經常跟釋迦太子競爭的是兩個人，一個是他的堂兄弟，叫作調達（提婆達多，Devadatta），稍微年長；一個是他的同父異母弟，叫作難陀（孫陀羅難

乘羊車詣師門，維多利亞和艾爾伯特博物館

畫面中，個頭矮小的太子在一群手抱寫字板的書童們的陪同下前往學堂。釋迦太子有頭光，乘坐兩隻黃羊拉的車。跟漢文譯經中描述的「乘羊車，眾釋導從，往詣書師」吻合。如果去掉佛教的宗教色彩，這個場景很可能是當時貴霜的貴族子弟上學場景的真實寫照。

騎羊上學，2—3 世紀，白沙瓦博物館

有意思的是，畫面中，少年釋迦牟尼騎着一頭羊去上學，頭上有背光。

陀，Sundarananda），年紀稍輕。漢譯《太子瑞應本起經》將三人的競爭歸結於提婆達多的嫉妒。

然而在《修行本起經》中，這三場比賽，跟迎娶耶輸陀羅聯繫在一起，構成一個比武招親的主題。在《修行本起經》中，第一場比賽是角力，城門口安置一頭大象擋住去路，提婆達多一拳將其打死；難陀到了之後將大象拖到路旁；等到釋迦太子到來，則將大象舉起扔到城外，而且大象死而復生。這一場景在犍陀羅浮雕中有生動的表現。最典型的比如白沙瓦博物館所藏的「擲象」浮雕，整個場景跟《佛本行集經》的記載極為吻合，而和其他梵文文學和《太子瑞應本起經》有些出入。第二場比賽是手搏，第三場比賽是射箭，釋迦太子均取勝。

釋迦太子「競試武藝」的場景，常見於犍陀羅浮雕中，斯瓦特、馬爾丹、西克里、賈馬爾克里等地都出土過，可見這一題材在當時很流行。不過很多是小型作品，出現在小型窣堵波上，以組圖的形式出現，呈現了少年釋迦豐富多彩的人生履歷。

釋迦太子在學堂，加爾各答印度博物館
畫面中，釋迦太子端坐在寫字板前，正在寫字。

167

5. 佛陀娶親和四門出遊

　　犍陀羅地區出土有表現釋迦太子和耶輸陀羅舉行「婚約」和「婚禮」場面的浮雕。比如白沙瓦博物館藏「婚禮」浮雕，佛陀手牽耶輸陀羅的手圍著火堆轉圈。在「婚約」的場景中，太子作菩薩打扮，婆羅門將耶輸陀羅引到釋迦太子身邊，在有的浮雕中，耶輸陀羅羞澀地將頭轉向一邊。佛陀曾經結婚應該是有歷史依據的。雖然佛教講切斷和世俗世界的聯繫，但愛情在犍陀羅佛教藝術中還是時常出現的。犍陀羅地區出土了多幅浮雕，表現佛陀婚禮盛宴的情形，以及佛陀和耶輸陀羅在宮殿裏的奢華世俗生活。這些場景的浮雕都是寺院或者窣堵波的裝飾物，構成了佛陀一生的歷史長卷。

　　表現釋迦太子結婚主題的浮雕，還包括宴飲的情節。在犍陀羅布奈爾（Buner）地區一處佛教窣堵波遺址中，考古學家發現了一組雕刻板，一共三塊，似乎是屬於窣堵波階梯上的裝飾物。這三塊浮雕展現的都是宴飲慶祝的場面。每一塊上都刻劃了六個人物。三塊浮雕中的人物服飾各不相同，分別身穿伊朗服飾、希臘服飾和印度樣式的服飾，可能表現的是天下眾生都為釋迦太子的婚禮歡欣鼓舞。本傑明・羅蘭德（Benjamin Rowland）將這些畫面定義為「悉達多太子的婚禮」——畢竟它們原屬於佛教窣堵波，應該具有佛教的意涵。整個構圖和風格帶有強烈的酒神節慶祝的色彩。

　　耶輸陀羅和釋迦太子的婚姻留下來兒子羅睺羅（Rahula）。釋迦牟尼成道後六年，回到迦毗羅衛度化釋迦族，讓羅睺羅出家並說法。羅睺羅是佛教僧團的第一位沙彌。他以舍利弗為師，目犍連為阿闍梨，最後證得羅漢道。羅睺羅出家這一情節在犍陀羅佛傳故事中也有表現。

　　太子走向修行得道之路的緣起，是四門出遊的故事。如何克服生、老、病、死這些人類最基本的痛苦，是佛教的中心議題。四門出遊和充滿虛無與歡樂的宮廷生活場面相對照，表現人生皆苦，歡愉只是無常

婚約，拉合爾博物館

畫面中，婆羅門將耶輸陀羅介紹給釋迦太子。耶輸陀羅身形豐滿優美，面容姣好，
羞澀地將頭轉向一邊。釋迦太子身形比浮雕中的任何人物形象都高大得多。耶輸
陀羅身後有手提水瓶的侍女，而諸神出現加以讚美禮敬。這塊浮雕經常被當作須
大拏太子本生故事，但是場景並不符合。尤其是太子身形高大、耶輸陀羅帶着侍
女等細節，都説明這不是發生在荒山野嶺的故事——在須大拏太子本生故事中，
有老婆羅門向太子求施夫人的場景。

婚禮，塔拜克出土，2—3 世紀，大英博物館

婚禮（身穿伊朗服飾的慶祝人群），1世紀左右，美國克利夫蘭藝術博物館

婚禮（身穿希臘服飾的慶祝人群），1世紀左右，美國克利夫蘭藝術博物館

婚禮（身穿印度服飾的慶祝人群），1世紀左右，美國克利夫蘭藝術博物館

的主旨。在原始佛教中，很少見到此類表達。但是中國和日本佛教中，它卻是重要的主題。四門出遊這一藝術主題的起源，似乎也跟犍陀羅有關。比如白沙瓦博物館所藏「出門出遊」片岩浮雕，騎在馬上的太子面對鼓脹肚子的病人。似乎是連續的四段場景，分別是太子遇見病人、老人、死人、沙門的場面。總體來說，四門出遊題材在犍陀羅很罕見。

羅睺羅剃度，三藩市亞洲藝術博物館
畫面中佛陀結跏趺坐，施無畏印。耶輸陀羅懷抱羅睺羅，卻轉頭看着佛陀。侍女則在給羅睺羅剃髮。整個畫面寫實而靈動。在浮雕的右端，則是已經剃度的羅睺羅禮拜師父舍利弗的場景。

6. 樹下觀耕和逾城出走

佛陀告別世俗繁華，從世俗走向神聖，從王者走向聖者，體現在「樹下觀耕」和「逾城出走」兩個故事中。

按照《修行本起經》的記載，太子四門出遊之後，悶悶不樂。有大臣建議讓太子「監農種殖，役其意思，使不念道」。太子坐在閻浮樹下，看見「耕者墾壤出蟲，天復化令牛領興壞，蟲下淋落，鳥隨啄吞。又作蝦蟆，追食曲蟮，蛇從穴出，吞食蝦蟆，孔雀飛下啄吞其蛇，有鷹飛來，搏取孔雀，雕鷲復來，搏撮食之」。釋迦太子感嘆六道眾生輾轉吞食，慘不忍睹。「是時太子，還宮思惟，念道清淨，不宜在家，當處山林，研精行禪。」

東亞佛教藝術中的樹下觀耕，主要是釋迦菩薩樹下思惟像，菩薩半跏而坐。但是犍陀羅佛教藝術中的樹下觀耕，釋迦太子是結跏趺坐，很少有半跏而坐的情況。

《修行本起經》描述的我們通常謂之「太子驚夢」的情節，在犍陀羅浮雕中是個常見的主題。在犍陀羅佛傳藝術中，往往通過強烈的對比來表現漢文譯經中的「太子驚夢」這一主題。這些浮雕往往採用左右佈局，或者上下佈局，一邊表現歌舞昇平、醉生夢死的宮廷生活；一邊表現歌舞停歇，繁華落盡，再婀娜多姿的舞女，再優美動人的伎樂，全然不見，只剩下蓬頭垢面酣睡的舞女，枕鼓而眠的樂師。這種對比的表現方式，讓人們有強烈的繁華散盡、人生無常的感嘆，讓整個畫面呈現從世俗走向神聖的莊嚴感。

逾城出走是佛陀走向成佛之路的第一步。這一場景帶有走向悟道的勝利的色彩，跟舊的世界決裂，走向神聖的遠方。這種宗教題材在當時的犍陀羅應該深受歡迎，這是佛教史上的大事，太子騎馬逾城出走那一刻起，眾生的命運也就改變了，他們將迎來一個有佛陀的時代。

太子命車匿備馬，上馬之後徘徊於庭，擔心開門會有聲音。於是四

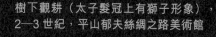

樹下觀耕（太子髮冠上有獅子形象），
2—3世紀，平山郁夫絲綢之路美術館

樹下觀耕，2—3世紀，片岩浮雕，白沙瓦博物館

釋迦太子坐在閻浮樹下的台座上結跏趺坐，施禪定印，而台座則雕刻着耕種的場景。在台座的右側，是掌犁人軛牛，左側是身穿長裙的人在祈禱，而最左邊的是淨飯王禮拜太子。太子的面容溫情而憂傷。垂下的衣裳將人物雕像和基座的內容連成一體。畫面中，太子的形象佔據了整個浮雕的大部份，呈現聖人的威嚴和神聖。而耕田的部份和淨飯王禮拜的部份，則只在基座上出現，不影響故事的完整性。

樹下觀耕，拉合爾博物館

太子驚夢，2—3世紀，片岩浮雕，卡拉奇國家博物館

畫面分為兩部份，上部份表現的是釋迦太子和耶輸陀羅奢華的
宮廷生活，下部份表現的是繁華消逝，太子準備逾牆出走的
場景。宮治昭認為上半部或許受到塔克西拉出土的裝飾盤的影
響，是常見的饗宴場景。太子側臥臥榻上，跟坐在旁邊的耶輸
陀羅交談，周圍是樂舞的表演。下半部是樂舞結束後的場面，
樂女們各個姿態醜陋，露出凡俗的一面。持矛的女衛士守衛着
寢宮。此時太子的裝束或者髮髻已經發生了變化，預示着跟世
俗世界決裂，準備離宮出走。

太子驚夢，柏林亞洲藝術博物館

表現了釋迦太子眾人皆醉我獨醒的場景。耶輸陀羅已經入睡，而太子坐在床邊，似乎已經下定決心出走。
在漢文文獻中，衛士們也被描述為「淳昏而臥」。不過健陀羅浮雕中，衛士一般是清醒的狀態。

太子驚夢和逾城出走，伯克利藝術博物館

浮雕分為上下兩部份，上面表現的是「太子驚夢」的場景，下面表現的是「逾城出走」。令人驚嘆的是，浮雕中太子騎馬躍出畫面，呈現割捨世俗世界的意涵。而其旁邊，面如赫拉克勒斯的執金剛神出現了。

大天王之一的毗沙門天王命令手下的夜叉（yakṣas）捧舉馬足，讓其不發出聲音，從而逾牆而出。在犍陀羅浮雕中，往往有夜叉托起白馬四蹄的場面。犍陀羅「逾城出走」浮雕中，釋迦太子雖然仍未成佛，但是已經有了頭光。他騎在白馬上，舉起右手施無畏印，表現出毅然決然的態度。而且身邊往往已經出現了手持金剛杵的執金剛神的護持。之後的佛傳故事圖像中，執金剛神幾乎成了必不可缺的元素。執金剛神的出現，是在犍陀羅地區，是將希臘大力士赫拉克勒斯納入佛教萬神殿的結果。

除了上述元素，手持傘蓋的馬夫車匿和手持弓箭的五道大神成為不可或缺的人物。在太子馬前，往往有手持弓箭的人物形象。以前的研究者多認為這是魔王波旬前來阻止，也有學者認為這是毗沙門天王導引。但是根據漢文譯經典，比如《太子瑞應本起經》中，提到太子遇見主五道大神，名曰賁識，左手持弓箭。這一浮雕中手持弓箭的，恐怕就是這位五道大神。

177

逾城出走，加爾各答印度博物館

除了手持傘蓋的馬夫車匿、手持弓箭的五道大神黃識、捧起
馬蹄的夜叉，手施無畏印的釋迦太子外，似乎迦毗羅衛城的
城市女神也出現了。她頭戴城塞形冠，兩肩帶有城塞紋路，
目睹太子走向神聖這一偉大的時刻。

逾城出走，2世紀，羅里延唐蓋出土，加爾各答印度博物館

7. 告別寶馬和開始修行

釋迦太子騎馬離開迦毗羅衛之後，將身上的寶衣、瓔珞、寶冠解下，盡數給了馬夫車匿。脫下王子的衣冠之後，釋迦太子就從一個王者轉變為修行者，從一個珠寶冠髻、瓔珞裝飾的剎帝利王子，轉換為身穿僧袍、束成螺髮的形象。頭光、螺髮、僧袍成為走向神聖的釋迦牟尼的基本視覺元素。

最令人動容的是釋迦太子的坐騎犍陟馬。《修行本起經》記載，白馬犍陟「長跪，淚出舐足，見水不飲，得草不食，鳴啼流涕徘徊不去」。犍陀羅佛教藝術中最為有名的離別場景，恐怕就是釋迦太子跟犍陟馬告別。一方面是釋迦太子和曾經與自己朝夕相伴的馬夫和寶馬離別，一方面是太子跟塵世的繁華告別。

告別寶馬，1—3 世紀，柏林亞洲藝術博物館

釋迦太子身後的背光標誌了他的身份。此時他赤裸上身，赤足，已經將太子衣冠交給車匿。旁邊扛着傘蓋的車匿手裏捧着太子的衣冠。畫面中的主角不是釋迦太子，而是白馬犍陟。牠前傾垂首，跪倒在太子腳下，低首舐舐太子的雙足。嘴巴微張，似乎在發出悲愴不捨的嘶鳴。這非常符合漢文譯經中所謂「屈膝舐足」的描述。

告別寶馬，拉合爾博物館

這件浮雕作品中，出現了執金剛神的形象。雖然有些殘破，但是立於釋迦太子身後的執金剛神手持的金剛杵清晰可見。

在漢文譯經中，擔心太子安危的淨飯王挑選阿若憍陳如（意為「知本際」）等五人跟隨釋迦太子修行。但是最終五人離開了釋迦。釋迦牟尼成道之後，初次講法，就是回去找他們五個。所以他們五個是佛陀得道後度化的第一批信徒。

在此後的佛傳故事浮雕中，釋迦太子的形象已經發生了根本性的變化。一般來說，釋迦牟尼在佛教美術中，成道之前一般被描繪為菩薩的形象，在成道之後是佛陀的樣子。但是犍陀羅美術中，修行中的釋迦太子，也常常是佛的形象，身披袈裟，而不是菩薩裝扮。

五位修行者，大都會博物館
畫面中五個人都是手持象徵婆羅門身份的水瓶，可能表現的是最初跟隨釋迦太子修行後來又拋棄他的阿若憍陳如等五比丘。

181

8. 斷食苦修和走向菩提

釋迦牟尼苦修的地點是摩揭陀國的前正覺山西南 15 里的畢鉢羅樹下。在這裏，釋迦牟尼苦修六年，發誓：「使吾於此肌骨枯腐，不得佛，終不起。」在苦修過程中，佛陀一日只吃一麻、一麥，以續精氣。

在犍陀羅佛傳浮雕中，「苦行中的釋迦」是重要的主題。釋迦苦行像展現出釋迦牟尼的犧牲精神，展現他為了眾生尋求解脫之道深受身心之苦的情況。這種極端寫實主義的風格，在印度本土的早期佛教藝術中並不常見。這類圖像展現的細節，和唐代地婆訶羅譯《方廣大莊嚴經》的文字描述幾乎完全吻合，文獻所謂「脊骨連露如筇竹節」[3]，和拉合爾博物館所藏的這件釋迦苦行像中幾乎完全符合：釋迦像從喉頭到胸部中線，如一串圓珠。雖然這和現代人體解剖學的常識相違背，但是卻展現了當時人對人體的觀念和認識。有的觀點認為是受到了古代希臘悲劇手法和寫實主義傳統的影響。

經過極致的苦行，佛陀認識到，光靠斷食苦行，是沒法悟道的。他接受了牧牛女的食物。在犍陀羅浮雕中，一般是苦行的釋迦太子在台座上結跏趺坐，而牧女等人手托鉢盂和水瓶供養。在有的浮雕作品中，「牧女獻糜」的故事，和後面發生的「四天王獻鉢」「商人獻食」，三個場景出現在一起。

食用了牧牛女獻給的乳糜，釋迦恢復了體力。最終來到菩提伽耶的菩提樹下。正是在菩提樹下，釋迦最終經歷降魔修行得道。釋迦前行碰到了名叫「吉祥」（Swastika）的刈草人，他在割吉祥草。於是釋迦向他求施吉祥草，「今汝施我草，十方皆吉祥」。刈草人獻給釋迦吉祥草，釋迦將其墊在菩提座上，走向成道之路。

在犍陀羅浮雕中，有表現佛陀走向菩提座那一刻的作品。這時候，魔王波旬出現了。「走向菩提座」這一主題的浮雕，有不少採取二元對立的表現方式：中間是鋪着吉祥草的菩提座和眾樹之王的菩提樹；一邊是身形高大的釋迦牟尼（此時他已經是佛陀的樣子）和侍衛執金剛神，以及讚嘆的諸神；一邊是魔王波旬及其美麗的女兒。

釋迦苦行像，灰綠片岩，2—3 世紀，西克里出土，拉合爾博物館

苦行中的釋迦，3—5 世紀，大都會博物館

雖然只剩下軀幹，但從這座苦行像仍可以看出釋迦苦行遭
受的痛苦。台座上展現的是初轉法輪的場景。釋迦牟尼經
受苦行的痛苦，為的就是修行得道。而台座上，就是佛陀
修行得道後初次講法的情景。苦行像和台座上的故事緊密
相關，組成了一個完整的故事。

牧女獻糜和釋迦苦行，3 世紀，柏林亞洲藝術博物館

吉祥獻草，西克里出土，拉合爾博物館

圖景中除了獻草的刈草人，還有手持金剛杵的執金剛神、讚嘆禮敬的諸天神等。

吉祥獻草，2—3 世紀，白沙瓦博物館

場景中，釋迦牟尼站在中間，頭有背光，身穿長袍，右手持吉祥草，雙眼睜大，長有髭鬚。執金剛神在其左手邊，長着濃密的鬍鬚和頭髮，手持金剛杵。刈草人頭髮鬈曲，赤裸上身，腳下是一堆吉祥草。其雙手合十，向佛陀禮拜。

走向菩提座，2—3 世紀，克里夫蘭博物館

右側的魔王波旬上身赤裸，是世俗王者的打扮，其女身形婀娜、面容姣好，站立其身後。魔王形象之上還有兩位年輕女性，可能也是魔王的女兒。這一件有所殘缺，在有些同一主題浮雕中，有魔女手舉摩羯魚幢的細節，此幢象徵着情慾。

走向菩提座（有象徵情慾的摩羯魚幢），2—3 世紀，
諾頓西蒙博物館

9. 降魔成道

　　釋迦牟尼成道，是通過排除魔王波旬的干擾而達成的，所以這個過程被叫作「降魔成道」。這種正義戰勝邪惡、神聖戰勝世俗的二元表達方式，展現了佛陀成道的不易。魔王波旬是佛教欲界之首，喜歡阻撓佛教中人修行。在釋迦牟尼成道的過程中，魔王也心中惶怖不寧，希望能破壞釋迦牟尼成佛。漢文譯經中一般都會提到魔王之子對魔王的勸解，認為釋迦牟尼三界獨尊，眾神皆禮待，不應該去破壞他修道。在《太子瑞應本起經》中，魔王之子的名字叫作「薩陀」，在《修行本起經》中叫作「須摩提（漢言賢意）」。

　　魔王不聽須摩提的勸解，還召集自己的三個女兒，這三個女兒在《修行本起經》中分別叫慾妃、悅彼、快觀，讓她們誘惑釋迦放棄修行。但釋迦心淨，如琉璃一般不可玷污。「魔女的誘惑」這一主題，在犍陀羅浮雕中有非常生動的描述。

魔女的誘惑，雷特博爾格博物館

釋迦在美色誘惑下，安定自若，堅如磐石。台座前和背景中有跌倒的魔兵，兩個正面的魔女形象和一個魔女的背面形象，身形婀娜多姿，充滿誘惑。右側有哀嘆的魔王。

看到三個女兒失敗而歸，魔王更加憤恨，召集鬼神、怪物一起上前，雷電四繞，持刀劍攻擊釋迦。釋迦牟尼以智慧力，伸手按地，於是大地震動，魔王及其僕從一起跌倒在地。這一細節在犍陀羅「降魔成道」浮雕中有生動的表現：在台座上經常出現身穿鎧甲的魔軍旋轉倒地的場面。不過值得指出的是，在犍陀羅藝術中，魔王波旬往往是半跏思惟的姿態，而在原始印度佛教藝術中，他往往是蹲着的。這或許也是犍陀羅藝術的創新。

釋迦牟尼降魔成道，在犍陀羅藝術中，是用軍事勝利的場景來表達的。精神世界的成道和覺悟，被描述為一場驚心動魄的正邪之戰。這種以戰爭場面表現「降魔成道」的手法，在中印度的桑奇沒有前例，可能受了希臘羅馬文化傳統的影響。魔軍可能是當時犍陀羅當地戰士的裝扮。希羅多德《歷史》記載，在薛西斯對希臘的戰爭中，印度人和犍陀羅人也在薛西斯的大軍之中。犍陀羅人使用藤弓和短矛，正如犍陀羅浮雕魔軍的裝扮一般。

通過戰勝魔女的誘惑和魔軍的攻擊，釋迦牟尼完成了走向終極解脫之路，修成正覺的佛陀，從此走向傳法之路。

降魔成道（台座前魔軍士兵跌倒倒地），白沙瓦博物館

降魔成道，柏林亞洲藝術博物館

畫面中手持刀劍的魔軍紛紛撲向釋迦牟尼。台座前面的地上出現了大地之神的形象，作為整個事件的見證者。而在畫面的左上角，出現了手持金剛杵的執金剛神。

降魔成道，弗利爾美術館

形象高大的佛陀結跏趺坐在菩提座上，左右對稱構圖，右側是即將拔出寶劍的魔王波旬；魔王之子須摩提在阻止其拔劍；左側是放棄了攻擊的波旬，一手舉起，表現出懊惱的樣子，須摩提攙著他的手臂。在菩提座前，身穿重裝鎧甲的魔軍，手持刀劍盾牌，旋轉倒地，正符合漢文譯經中魔軍旋轉倒地的記載。

魔王的軍隊，2世紀，拉合爾博物館

畫面上群魔眾多，分成三層，下層魔兵是人形戰士，或纏頭巾，或戴盔帽，身穿鎧甲，手持刀劍、長矛和盾牌；中層和上層魔兵則是獸形，或獠牙，或雙面，或渾身毛髮，揮舞棍棒。魔兵被刻劃得栩栩如生，也襯托釋迦成道的不易。

四.犍陀羅藝術中的佛陀一生:從傳道到涅槃

按照支謙的說法,在佛陀成道後,畜生道中龍是最先見到佛的。在佛傳故事體系裏,此時有兩個故事情節出現,一個是「迦羅龍王皈依」,一個是「文鄰瞽龍護持」。比如德里的印度國家博物館所藏的一塊「迦羅龍王皈依」浮雕中,龍王和王后在象徵宮殿的平台中向佛禮敬,佛陀身後跟着手捧金剛杵、威武雄壯的執金剛神。類似的場面,也見於拉合爾博物館所藏的窣堵波裝飾浮雕。

「文鄰瞽龍護持」的故事,在東吳支謙譯《太子瑞應本起經》中有描述。在目前留存的漢傳佛教遺物中鮮少見到,但是在東南亞等南傳佛教國家,這是一個常見的藝術主題。文鄰瞽龍護持這一藝術主題,表現的是龍王在雨季保護禪定的佛陀。這帶有明顯的印度本土的傳統特色。但是在犍陀羅藝術中,這一場景很少出現。

迦羅龍王皈依,印度國家博物館

1. 商人獻食和天王獻鉢

佛陀成道後接受商人獻食，在漢文譯經中多有提及，比如《修行本起經》和《太子瑞應本起經》。

過去諸佛都有鉢盂，佛陀也不能如常人一樣用手進食。這時四天王（lokapālas）遙知佛當用鉢，於是前來獻鉢。佛陀不好意思拒絕任何一位的好意，於是合四鉢為一，因此佛鉢上面有四道痕跡，所謂「四際分明」。在犍陀羅的四天王獻鉢的佛傳浮雕中，常常由毗沙門天王親手將佛鉢獻給釋迦牟尼。

犍陀羅美術中，毗沙門天王與其他天王服飾裝扮顯著不同。他頭上戴着鳥翼冠，這是伊朗系文明中財神富羅（Pharro）的符號。犍陀羅浮雕中的毗沙門的形象，融合了希臘神祇赫爾墨斯（Hermes）和羅馬神墨丘利（Mercurius）的形象，進而跟伊朗系宗教的財神富羅連在了一起。在犍陀羅浮雕中的毗沙門天王形象，融合希臘、羅馬、伊朗、印度四種神的特徵。毗沙門天王到了中亞之後，獲得了格外的重視和拔高；到了東亞之後，在中國和日本文明中地位進一步上升。犍陀羅美術中，毗沙門獲得單獨的神格，為後來的佛教毗沙門天王信仰發展奠定了基礎。

在佛傳故事裏，獼猴獻蜜是一個很有趣的主題。犍陀羅美術中對這一主題有生動的刻劃。獼猴獻蜜除了見諸文獻，還有聖蹟存在，這個聖蹟在馬土拉。唐代高僧玄奘在《大唐西域記》對此有記載。

四天王獻缽，拉合爾博物館
畫面中，四天王都雙手捧着一個缽，釋迦牟尼手中的缽更大一點，
表示他將四缽合而為一了。

四天王獻缽（佛陀手裏還沒有缽出現），小型窣堵波裝飾
浮雕，拉合爾博物館

獼猴獻蜜，拉合爾博物館

2. 梵天勸請和帝釋窟禪定

佛陀成道後，覺得眾生「皆樂生求安，貪欲嗜味，好於聲色，故不能樂佛道」，決定自行涅槃，捨棄眾生。這個時候有一個重要的情節出現了，就是「梵天勸請」，也就是梵天勸說佛陀放棄自我涅槃的想法，留下來傳道講法。佛陀接受了梵天的勸請，放棄了涅槃的想法，轉而以眾生的解脫為自己最終的目標。

在犍陀羅美術中，「梵天勸請」是重要的藝術主題，浮雕作品很多。宮治昭和德立芙（J. E. van Lohuizen-de Leeuw）等學者甚至認為，犍陀羅最早的佛像，可能就出現在梵天勸請的浮雕題材中。巴基斯坦拉合爾博物館藏羅里延唐蓋（Loriyan Tangai）遺址出土的一件「梵天勸請」石雕，年代可能是公元 2 世紀。

佛陀選擇講法，而不是自行涅槃，也就從單純的成道者，變成了偉大的救世主。婆羅門和剎帝利共同構成了古代印度社會的精英階層。梵天和帝釋天分別是婆羅門和剎帝利的象徵者。梵天在現實中對應婆羅門，是修行者，其裝束經常是簡單質樸，頭髮綰起，手持修行者的水瓶，幾乎沒有任何裝飾物；帝釋天（因陀羅）對應的是剎帝利貴族，所以裝飾打扮是世俗王子的形象，經常是敷巾冠飾，佩戴項圈耳環。梵天是對應聖者、修行者的角色，帝釋天則是對應王者的形象，是兩種不同神格的神。佛陀身邊兩側梵天和帝釋天的侍立，象徵着佛陀為世俗世界和神聖世界的最高導師和精神領袖。後來佛陀兩側演變為觀音和彌勒菩薩侍立，很可能跟梵天—帝釋天的組合有沿襲關係。

在東漢時譯出的《修行本起經》中，「梵天勸請」的情節是和大家通常所謂的「帝釋窟禪定」主題連在一起的。當梵天發現佛陀決意涅槃時，趕緊告訴帝釋天，讓他派遣「天樂般遮翼」趕到佛陀禪定的石室。當「佛方定意覺」，般遮翼就「彈琴而歌」。

般遮翼受命之後，持琉璃琴先去拜見佛陀。在離佛陀不遠的地方，

梵天勸請，斯瓦特風格，柏林亞洲藝術博物館

梵天勸請，斯瓦特地區，拉合爾博物館
場景中，佛陀在菩提樹下作禪定狀，梵天和帝釋天單膝
下跪，勸請佛陀。

梵天勸請，塔克西拉博物館

梵天勸請，拉合爾博物館

帝釋窟禪定，白沙瓦博物館

般遮翼彈奏樂曲，喚醒佛陀。佛陀為般遮翼的音樂打動，從三昧狀態中出來。之後，帝釋天和釋迦牟尼進行了對話，《佛說帝釋所問經》記載了雙方關於「八正道」等內容的對話。通過對話，佛陀讓帝釋天解除了心中的煩惱和困惑，而樂神般遮翼也獲得了功德。

犍陀羅佛傳浮雕中的「帝釋窟禪定」，佛陀結禪定印，而不是說法印。有時候佛陀因為火三昧的狀態，發出火焰，舔捲石窟的洞壁，在浮雕中也有體現。佛陀的寶座下面往往出現動物形象，比如獅子、鹿、羊、豬等，表示場景發生在荒野。塔克西拉出土的「帝釋窟禪定」呈現上下結構，整個畫面被顯眼的欄杆分成上下兩部份。最下部的野豬，象徵着佛陀禪定的自然環境；除此之外，它還象徵着佛教六道輪迴中的畜生道——這一點跟整個浮雕的上部天人部份形成鮮明的對照。欄杆之上，是天人散花的場景，巨大的花朵從欄杆之上撒下，落在欄杆之下佛陀禪定的石窟上。在佛陀兩邊脅侍的是梵天和帝釋天。梵天的地位似乎比帝釋天更加顯耀一點。兩者都有頭光，雙手合十做禮拜狀。

帝釋窟禪定（場景中出現了樂神般遮翼彈琴），拉合爾博物館

帝釋窟禪定（台座下面出現動物，表示故事發生在荒山野嶺），拉合爾博物館

帝釋窟禪定，貴霜時期，約
2—3 世紀，塔克西拉博物館

帝釋窟禪定局部，洛杉磯縣立藝術博物館

畫面中，各種動物在山間奔跑，帶有背光的諸天在空中飛行，非常生動。

3. 五比丘重逢和初轉法輪

最早聽佛講法的，就是最初跟隨他修行的五比丘，這是佛陀最早的五個弟子，是佛教僧團的開始。待佛陀成道後，向五位比丘首次宣講四諦五蘊、無我說和八正道等佛法，比丘們紛紛開悟。這次在鹿野苑的講法，就是佛陀的初次講法，或者叫「初轉法輪」。

法輪象徵佛法，比擬佛陀如轉輪王一樣，用正法的力量征服世界。幾乎所有的犍陀羅遺址都出土有表現佛陀初轉法輪故事的雕刻。在已出土的浮雕中，法輪通常有三種表現形式：第一種形式最為常見，是車輪狀；第二種造型為蓮花瓣形；第三種形式是少見的太陽造型。

犍陀羅浮雕中還有一類主題，是表現最早聽法的五比丘準備聽佛第一次傳法的場景。在這一主題中，五比丘面對佛陀，有的手持扇子，有的手持水罐，有的手持別的工具，為佛陀初次講法做準備。畫面中也會出現天神和類似丘比特的形象。

初轉法輪，2世紀，布魯克林博物館
畫面中，一位比丘為佛陀搬來了寶座。

在數量眾多的「初轉法輪」浮雕中，犍陀羅的雕刻家以兩頭相背的鹿暗示故事發生的地點是鹿野苑；以象徵達摩之法的車輪、象徵佛法僧三寶的三叉和五位剃度過的僧人點明故事的主題事件——「初轉法輪」。大都會博物館所藏「初轉法輪」浮雕中，佛陀伸手觸摸身側的法輪，五位比丘和手持金剛杵的執金剛神構成了聽眾。

「初轉法輪」的主題有時候和別的主題連在一起。比如和「禮拜佛缽」等故事連在一起。

用法輪或者三寶符號來象徵佛陀，似乎是早期佛教藝術的特徵。但是似乎在犍陀羅，至少是早期的時候，仍然保留着這樣的表現手法。在「初轉法輪」浮雕中，有時候佛陀消失了，佛陀的初轉法輪，被法輪（經常是三個，象徵佛、法、僧三寶）和三寶符號（Triratna）代替。除了佛陀用符號象徵以外，其他的圖像元素則沒有太大的變化。

初轉法輪，約 2 世紀，28.6 厘米 ×32.4 厘米，大都會博物館

佛陀的髮髻呈波浪形，面相呈橢圓形，雙目微垂，身着古希臘式圓領長衫。佛陀端坐台座上，右手輕觸法輪，法輪顯示出部份，應該是八輪式。佛陀有頭光，憍陳如等五比丘圍坐佛陀周圍，穿着長袍，剃光頭。執金剛神出現在佛陀的右側身後，手持金剛杵。台座前兩隻鹿回首相對，表明這裏是佛陀初轉法輪的鹿野苑。

初轉法輪，2—3 世紀，弗利爾美術館

初轉法輪（上部出現禮拜佛缽），拉合爾博物館

初轉法輪，拉合爾博物館
值得注意的是，畫面中佛陀不見了，取而代之的僅僅是
象徵佛法的法輪以及法輪之上的三寶符號。

初轉法輪，大英博物館

初轉法輪，加爾各答印度博物館

初轉法輪，1—2 世紀，平山郁夫絲綢之路美術館

畫面中出現了飛翔的天人，手持金剛杵的執金剛神。

4. 收服迦葉和度化難陀

　　佛陀夜入優樓頻羅（Uruvilva）火神廟顯神通降伏毒蛇，度化迦葉（Kasyapa）三兄弟及其千名弟子，是佛教僧團擴張的一大契機。迦葉兄弟供奉火神，有的學者認為迦葉是早期的瑣羅亞斯德教徒。佛教和瑣羅亞斯德教在絲綢之路上一直保持着密切的關係，甚至是你中有我、我中有你。犍陀羅浮雕中，有不少描述釋迦牟尼收服迦葉的作品。在這些場景中，火都扮演了重要的角色：火不能傷害佛陀，也就是異教徒信奉的神靈無法撼動佛陀的偉大。這是一個很重要的宗教主題。

　　佛陀向大迦葉借助他們教團的「火室」住宿一晚。如果迦葉是瑣羅亞斯德教徒，那麼這裏就是保存着祆教的聖火。代表佛法的佛光和象徵瑣羅亞斯德教的龍火爭競之下，把整個火室都點燃了，就像失火了一樣。大迦葉以為佛陀可能遇害了。迦葉令五百弟子，持一瓶水，就擲滅火。

　　佛陀在火室內「以道神力，滅龍恚毒，降伏龍身，化置鉢中」，用佛陀將毒龍收服——象徵着佛教對異教的勝利。第二天一早，佛陀「持鉢盛龍而出」。犍陀羅浮雕中，有佛陀向大迦葉及其弟子展示收服毒龍的作品。

　　最後大迦葉稽首禮拜，率五百弟子禮拜佛陀。迦葉和五百弟子鬚髮自動掉落，披上袈裟，接受佛戒，做了沙門。

　　如果說佛陀收服迦葉教團是對異教徒的勝利，那麼佛陀勸導自己的堂兄弟難陀出家，則是家族內部的度化。但是這次度化具有象徵意義，涉及佛教關於情慾的論述。佛陀降伏外道迦葉使用更多的是神通和法力。而對於難陀，則是在佛陀設計的情景中得到啟發和感悟，捨棄世俗專心修行。

佛陀會見大迦葉，拉合爾博物館

這一主題的浮雕都突出迦葉作為林修者的苦行形象。

佛陀會見大迦葉，2—3世紀，白沙瓦博物館

佛陀有背光，迦葉坐在茅棚裏，而執金剛神手持金剛杵，跟隨佛陀。

降伏毒龍，密歇根大學藝術博物館

畫面生動有趣，展現了迦葉及其弟子們運水救火的場景。有
的弟子攀爬到火室頂部往下澆水。毒龍呈蛇狀，在佛陀的台
座前，似乎即將被佛缽所收。

降伏毒龍，拉合爾博物館

浮雕上部表現的是降魔得道。下部畫面中，佛陀向迦葉師徒展示了收服的
火龍——從佛鉢露出蛇首，非常生動。

迦葉禮拜佛陀，大英博物館

在浮雕中，執金剛神在佛陀的右側，手持拂塵，似乎在給佛陀驅
趕蚊蟲。佛陀端坐樹下，大迦葉合掌禮敬。

迦葉兄弟禮拜佛陀，2—3世紀，紹托拉克出土，阿富汗國家博物館

難陀（Nanda）是釋迦牟尼的同父異母弟弟，容貌端正，具三十相，只比釋迦牟尼的三十二相少了兩相：白毫，以及耳垂稍短。馬鳴菩薩（Aśvaghoṣa）撰有《美難陀傳》（Saundarananda），也是以難陀捨愛出家為描述對象。關於難陀出家的故事至少在公元 2 世紀的貴霜曾廣為流傳。

在故事中，難陀的妻子孫陀利（Sundarī）是大美女，難陀非常喜歡自己的妻子。釋迦牟尼想度化他，把他騙到祇園精舍修行。叫人給他剃髮，難陀留戀家中美麗的妻子，拒絕剃髮。最後佛陀自己動手，幫難陀剃髮，讓他在祇園精舍修行。在犍陀羅藝術中，通常用難陀給佛陀送食的場面來表現這一故事。除此之外，也有用佛陀親手為難陀剃髮這個場景來表現難陀出家主題的。

佛陀施展神通，度化了難陀。受到教誨的難陀終於覺悟了，不再沉溺美色，最終成為佛陀重要的弟子。

難陀出家，加爾各答印度博物館

難陀出家，大英博物館

右側是難陀和妻子孫陀利，孫陀利在化妝，侍女環繞；難陀拿缽欲出，扭頭看着孫陀利，孫陀利似乎在叮囑他早點回來。難陀有背光，只是比佛陀個頭矮小。這符合佛教文獻中關於難陀的記載——難陀比釋迦牟尼三十二相少了兩相，也深具資質。左側是難陀將半缽飯遞給佛陀，佛陀佯裝拒不接受，將其誘回寺院。陽台上刻劃有侍女，似乎在竊竊私語。整個浮雕栩栩如生，帶有強烈的戲劇色彩。

佛陀為難陀剃度，加爾各答印度博物館

畫面中佛陀親自往難陀頭上澆水，難陀無精打采地低頭不語。執金剛神手持金剛杵侍立在側。

5. 提婆達多謀刺佛陀

作為釋迦牟尼年輕時的夥伴，難陀和提婆達多都跟隨佛陀出家，但是兩人的結局不同。在佛陀涅槃前七年，佛陀的堂兄弟提婆達多謀劃取代佛陀成為僧團領袖。

提婆達多大概是佛陀生前最主要的挑戰者。遵從他的教義的教派，被稱為「提婆達多派」，根據法顯、玄奘的記載，提婆達多派只供奉過去三佛，但是不奉釋迦牟尼。玄奘還記載，他們不食乳酪，嚴格遵循提婆達多的遺訓。

隨着提婆達多修行、地位的提高，他向釋迦牟尼提出領導僧團的要求。這種挑戰佛陀地位的舉動遭到了佛陀的反對。佛教文獻中記載，在阿闍世王的配合下，提婆達多曾多次謀殺佛陀。後來阿闍世皈依佛陀，逐漸疏遠提婆達多。這場早期的佛教路線鬥爭，最終以佛陀取得勝利而告終。

刺客殺佛，加爾各答印度博物館

刺客出現在圖像的左側，右側的佛陀平靜自若，而佛陀身後的執金剛神似乎驚到，發出驚呼。

　　提婆達多謀害佛陀，種類繁多，包括刺客殺佛、推石壓佛、醉象害佛、爪毒傷佛、拋車擊佛等惡行。這些內容，在犍陀羅美術中有生動的呈現。

　　在佛本生故事中，提婆達多往往在佛陀的前世中就與佛陀為敵，比如在「須大拿本生」中向須大拿太子求施兒子的婆羅門也被認為是提婆達多的前世。

推牆壓佛，大英博物館

畫面的左側是試圖推倒圍牆的刺客，右邊佛陀傾身用手托住了牆，佛陀旁邊的執金剛神手持金剛杵，躍躍欲試。執金剛神是希臘大力士裝扮。

推牆壓佛，大英博物館

刺殺佛陀，拉合爾博物館

降伏醉象，白沙瓦博物館

畫面非常緊張，醉象衝向佛陀時，眾弟子驚慌失措，釋迦牟尼輕
輕用手撫摸大象的額頭，以神通馴服醉象，絲毫沒有受到傷害。

降伏醉象，維多利亞和艾爾
伯特博物館

6. 收服惡神和度化眾生

佛陀在傳法過程中降伏各色危害眾生的惡神，包括夜叉、惡人、龍王等等，似乎反映的是佛教對地方「邪神」信仰的勝利：從「邪神」崇拜中爭奪信徒。這類故事很多，在不同宗教中也常有表現。犍陀羅藝術中對佛陀戰勝這些「邪神」多有渲染，是浮雕造像的重要主題。

指鬘王（Aṅgulimāla）在漢文文獻中被翻譯為多個名字，比如「央崛摩羅」「央崛鬘」等。玄奘在《大唐西域記》中記載，「殺人取指，冠首為鬘」。在犍陀羅浮雕中，「央掘摩羅皈依」作為佛傳故事的重要主題，多次出現。比如拉合爾博物館所藏的「央掘摩羅皈依」浮雕。

佛陀還以智慧和無畏，降伏食人夜叉阿拉毗克（Yakṣa Āṭavika）。由於佛陀的度化，阿拉毗克皈依佛法，從殺人的惡神轉變為保護人的善神。在佛陀降伏食人夜叉阿拉毗克的故事中，阿拉毗克是以故事的主要角色出現的。在西格里等地出土的相關浮雕（窣堵波上），刻劃了阿拉毗克更為詳細的皈依場景。

佛陀降伏斯瓦特河上游經常令河流氾濫的龍王阿波邏羅（Apalāla），在佛教文獻中記載不多，似乎這一事件是後來加進佛傳故事的。玄奘《大唐西域記》記載，阿波邏羅龍王是斯瓦特河的龍王。他損害土壤，危害人間。佛陀憐憫此國人，於是帶執金剛神來到龍泉。執金剛神「杵擊山崖」，使用金剛杵敲擊山崖，恐嚇龍王。阿波邏羅龍王深感恐懼和震驚，於是從水裏出來皈依。大英博物館所藏「降伏阿波邏羅龍王」片岩石雕所描繪的場面，跟玄奘的記載高度吻合。

在佛傳故事中，除了佛陀降伏的斯瓦特河的阿波邏羅龍王之外，塔克西拉地區也流行醫羅缽呾羅龍王（Naga Elapattra）的傳說。唐朝時玄奘經過這裏的時候，還專門記載了這個故事。塔克西拉最初應該有龍王的本地信仰，後來這些土神被佛教納入自己的萬神殿，成為佛教神祇的一部份。

降伏食人夜叉阿拉毗克，拉合爾博物館

場景中，佛陀端坐拱門之下的蓮花寶座上，全跏趺坐，施無畏印。左側是食人夜叉阿拉毗克雙手將孩童奉還給佛陀。右側則是國王一家，國王雙手合十禮拜，身後是王后，國王夫婦之前是一個孩童，應該是準備獻祭的王子。

降伏食人夜叉阿拉毗克，加爾各答印度博物館

場景中，佛陀全跏趺坐，施無畏印，左邊的阿拉毗克將孩童奉獻佛前。

降伏食人夜叉阿拉毗克，3—4 世紀，松岡美術館

降伏阿波邏羅龍王，大英博物館

阿波邏羅龍王禮拜佛陀，拉合爾博物館

降伏阿波邏羅龍王，拉合爾博物館

畫面中，佛陀接受龍王的禮拜，龍王身後是龍后，佛陀身後站立着強壯的執金剛神。

犍陀羅美術中還有表現佛陀度化摩納的故事，在漢文《佛説鸚鵡經》中，能找到這個故事的一個版本。

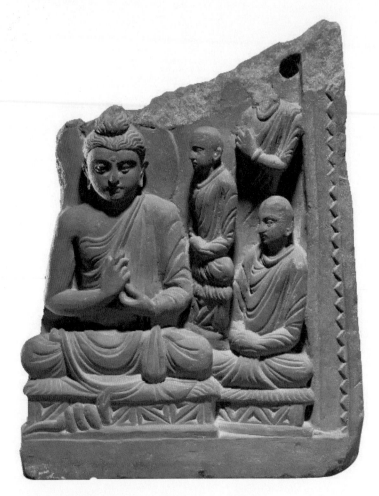

醫羅缽咀羅龍王的拜訪，2—3 世紀，大英博物館

浮雕可能是裝飾板的一部份，周邊有裝飾符號。左部殘缺，右部完整。佛帶有背光，右肩裸露，手勢作傳法狀，結跏趺坐。面容寧靜，眼睛睜開。右邊是禮拜佛陀的三位僧人，兩位坐着，一位站立。最值得注意的細節出現在佛陀寶座的前面：一條蛇盤繞三次，抬頭吐舌對着佛陀。

醫羅缽呾羅龍王的拜訪，白沙瓦博物館

畫面中，醫羅缽呾羅龍王有五個頭，符合佛教
文獻所說的多首龍的描述。犍陀羅浮雕中，除
了用人形表示龍王外，很多作品中就是把龍表
現為蛇的樣子。

白狗吠叫，加爾各答印度博物館

7. 德護皈依和月光授記

　　如果説佛陀跟提婆達多的鬥爭，是佛教僧團內部的爭奪，那麼度化德護（Śrīgupta）長者，則是釋迦牟尼和外道的鬥爭中取得的一個重要勝利。德護長者是居住在王舍城的有權勢者。他不信佛法，崇信外道六師。外道六師攛掇他陷害佛陀。根據漢譯《德護長者經》描述，他們計劃邀請佛陀到德護家中，準備謀害他。

　　德護長者有個兒子叫作月光，規勸父親不要做這種惡事。但是德護不聽，堅持己見。佛陀施展神通，挫敗了謀殺圖謀。德護見到佛陀的神通，大受震動，禮拜佛陀，真誠在佛陀前懺悔。

　　月光童子諸經中，有些版本加入了釋迦牟尼預言月光童子下生為轉輪聖王的預言，比如《德護長者經》説：「又此童子……於當來世佛法末時，於閻浮提大隋國內，作大國王，名曰大行，能令大隋國內一切眾生，信於佛法，種諸善根。」這段話一般被認為是翻譯者為隋文帝做政治宣傳加進去的，目的是宣揚隋文帝是月光童子下生。

德護的邀請，加爾各答印度博物館

畫面中出現了月光童子，站在德護長者之後。這個童子將在中國中古史上扮演重要的角色。

8. 舍衛城神變和三道寶階而下

佛陀在第 25 年到了舍衛城的祇樹給孤獨園坐夏。在那裏一位商人給孤獨（Anathapindada）為佛陀及其弟子捐建了祇園精舍。但是在舍衛城，佛陀取得的最大成就，是徹底降伏六師外道。這是佛教發展史上的著名事件。

面對六師外道的挑戰，佛陀最終施展雙神變大神通，令在場的天人、龍、人等眾生震撼異常。漢文佛教文獻對這場佛教和外道的「大決戰」有諸多細節性的描述。比如佛陀現四威儀行立坐臥，入火光定出種種光（青、黃、赤、白、紅），身下出火身上出水，身上出火身下出水；施展神通，召喚諸龍持妙蓮花，大如車輪數滿千葉，以寶為莖，金剛為鬚，從地湧出。佛陀在蓮花上安穩而坐，並在無量妙寶蓮花上展現化佛神通，讓每朵蓮花上都有化佛安坐。佛陀展現的大神通，徹底擊敗了六師外道。

在「舍衛城神變」的故事情節中，那伽龍王扮演了重要角色——當佛陀需要蓮花作為道具時，那伽龍王獻出此物。集美博物館所藏最為經典的舍衛城大神變浮雕（雙神變）的基座上，就刻着五朵蓮花，或許就是取義於此。文獻的記載，也被犍陀羅浮雕的圖像所佐證。拉合爾博物館所藏「舍衛城神變」浮雕，以結跏趺坐的佛陀為中心，擴散到諸佛、菩薩、天人、龍王、供養人等。浮雕上的很多細節符合文獻的記載，比如浮雕底部就有龍王禮敬、獻出蓮花的畫面。

釋迦牟尼通過神通到三十三天面謁母親，為她說法。這是佛傳的一個重要主題，表達了回報母親恩情對佛教的重要性。講法完畢，帝釋天製造金、銀和寶石三梯，眾天神和大梵天護送佛陀從天上下來。「三道寶階降下」是佛傳中的重要主題，在犍陀羅佛教藝術中也常有表現。比如斯瓦特博物館藏「三道寶階降下」浮雕中，在中間寶階的最下層，刻有佛陀的足跡。一位比丘尼跪在佛足跡前迎接。這個佛陀的足跡，就用來象徵佛陀。

給孤獨長者的饋贈，2—3世紀，大都會博物館

歡迎佛陀進入舍衛城，大都會博物館

舍衛城神變，拉合爾博物館

以結跏趺坐的佛陀為中心，左右脇侍菩薩，擴散到周圍眾多佛、菩薩、天人、龍王、供養人等，構成通常所説的淨土變相的形式。整尊造像上一共表現了67個人物，每個人物都栩栩如生，有自己的身份特點，是犍陀羅文明不可多得的人類文化遺產。浮雕上的很多細節符合文獻的記載，比如佛陀召喚龍王前來禮拜，在此浮雕底部就有龍王禮敬的畫面。

佛陀從忉利天下來，一個很重要的細節，就是在人間恭候佛陀下來的人，必須是轉輪王。但是犍陀羅浮雕中，轉輪王往往是一個女性形象。這個女性形象，是女尼蓮華色（Utpalavarna）。根據《雜阿含經》卷23、《增一阿含經》卷28等記載，佛陀返回人間時，蓮華色化作轉輪王之身，迎接佛陀，之後再恢復本來面目禮拜佛陀。

三道寶階降下，斯瓦特博物館
梵天和帝釋天在寶階兩旁雙手合十，用佛足跡表現佛陀，在犍陀羅藝術中相當少見。

忉利天説法與三道寶階降下，2—3世紀，白沙瓦博物館

這個拱門形的浮雕作品分為三層。最裏一層描述的是釋迦牟尼從忉利天返回。佛陀正準備沿着中間的那道寶階下來，梵天和帝釋天侍從左右，沿着左右的寶階下來。左右各有一個飛翔的人物形象在撒花。左右兩側各有三個信眾，雙手合十，恭候釋迦牟尼。在寶階到達地面的左邊，有一個跪倒在地的人物形象，似乎在迎接佛陀的降臨，這應該是佛教文獻中提到的比丘尼蓮華色。蓮華色化身為轉輪王，是第一個迎接佛陀從天上下來的人。中間一層描述了佛陀端坐中間，左右各有五個信眾護侍。在兩側信眾之後，是一對獅首魚尾的海獸。最外一層有所毀壞，但內容結構和第二層類似。

9. 優填王與釋迦牟尼瑞像的出現

在佛教文獻中，「瑞像」作為佛像中一種非常特別的造像樣式，其最早的源頭是「優填王栴檀瑞像」。優填王（Udayana）是憍賞彌國的國君。根據《增一阿含經》記載，有一次，帝釋天邀請佛陀上升忉利天説法。優填王憂愁過甚，以牛頭栴檀作如來形象。這樣一來，國王就可以時時供養。表現這一佛傳主題的犍陀羅浮雕，存於白沙瓦博物館和大都會博物館等地。

優填王獻瑞像，3—5 世紀，大都會博物館

10. 施土因緣和阿育王授記

　　燃燈佛授記與阿育王施土兩個情節，似乎並不相關，但是實際上關係非常緊密。前者是釋迦牟尼獲得授記，得到成佛的預言，將在未來世成佛。後者則是阿育王的前世小兒獲得授記，得到將來成為轉輪王的預言。這兩者一個是成佛，一個是成為轉輪王，卻是從宗教和世俗兩相對應的。比如拉合爾博物館所藏的一塊燃燈佛授記造像，就是和阿育王施土因緣連在一起的。「阿育王施土因緣」在犍陀羅藝術中有很多作品，傳入東亞後也成為廣為流傳的藝術主題。

11. 菴婆波利佈施芒果園和最後的告別

　　從一個妓女成為佛陀重要的弟子，蓮華色並不是唯一的例子。菴婆波利（Amrapālī）也是從社會的邊緣修行成為佛陀的追隨者。菴婆波利將自己的芒果園奉獻給了佛陀，作為僧團居住修行之地。關於這個情節，在犍陀羅藝術中也有不少體現。

　　在佛陀涅槃之前，菴婆波利知道了，前來禮拜佛陀。西格里窣堵波出土的成組佛傳浮雕，其中一塊，就是描寫菴婆波利的故事。當時世尊為來眾說法，講述六道輪迴之苦。言畢，佛陀起身前往乾荼村中，並且制止眾人跟隨。但是菴婆波利等心懷眷戀，不忍離去。於是佛陀施展神通，化作河水，將眾人隔開。菴婆波利等人只好絕望而回。

施土因緣，哈達出土，集美博物館

浮雕由上下兩部份組成，下面是初轉法輪，上面是小兒施土。畫面中
佛陀面對兩個小兒，其中一個似乎在將土放入佛缽中。

小兒施土因緣，加爾各答印度博物館

畫面中執金剛神跟隨佛陀，有手捧豐饒角的人，表現諸天神觀禮的場景。

菴婆波利的拜訪，拉合爾博物館

圖像的左側是菴婆波利，右邊是聽法的比丘。

菴婆波利的拜訪，西克里出土，拉合爾博物館

故事框定在兩根科林斯柱之間。佛陀端坐蓮台上，持無畏印，可惜面部損壞。配角人物相比佛陀形象小很多，描述了菴婆波利拜訪佛陀的情景。但是這個場景具體描述的是菴婆波利獻芒果園，還是佛陀涅槃前菴婆波利的告別，不能完全確定。前者的可能性更大一些。

五 佛陀的葬禮：涅槃與分舍利建塔

　　早期印度佛教在表現佛陀涅槃這一情節時，拒絕用死亡場景，而用窣堵波來標誌佛陀涅槃。而犍陀羅的涅槃圖像卻是現實主義的描寫手法，的確將佛陀的入滅描寫成了一個令人悲痛的死亡場景。除了涅槃場景外，犍陀羅浮雕還表現了包括末羅族人將佛陀入殮，荼毗（jhāpita，即火葬），以及荼毗之後搬運、守衛、分舍利、起塔供養等場面。

　　2世紀以後，犍陀羅地區開始出現以右脇累足而臥的釋迦牟尼為中心人物的涅槃圖像。在這種宗教圖像中，釋迦牟尼周圍圍繞着悲痛的弟子、眾神、末羅族舉哀者，甚至外道等人物形象，少則四、五人，多的達四十多人，一起為佛陀離開而悲痛欲絕。在構圖上，犍陀羅浮雕也出現了將太子出生和佛陀涅槃兩個場景連在一起的做法，通過「出生」和「入滅」兩個場景，來象徵佛陀的神聖歷程。

　　犍陀羅的涅槃浮雕，一般都屬於小型的雕塑作品，作為佛傳故事的一環進行表現。

　　有些學者認為此類涅槃圖像的出現，受到了源自希臘、羅馬文化系統內的石棺臥像「死者的饗宴」以及「裝飾盤」的影響。

　　但是跟希臘、羅馬圖像相比，犍陀羅涅槃圖也有明顯的區別，比如佛陀並非仰臥，而是右脇而臥，雙足相疊。這種臥法或許就是《增一阿含經》所描述的「獅子的臥法」。這一點在犍陀羅藝術中被嚴格遵行：在已知犍陀羅涅槃圖中，釋迦無一例外都是「獅子的臥法」，絕對不會出現仰面朝上的臥姿。不過在中國、日本的涅槃圖中，偶爾卻會因為人為的疏忽，將入滅的釋迦表現為正面朝上。

　　釋迦的弟子是犍陀羅涅槃圖中的重要角色，關於他們的舉止和故事，基本都能從《涅槃經》中找到文獻依據。每個弟子都有符合自己身份和修為的角色，比如，在涅槃圖中，往往有一個悲痛欲絕、撲倒在地的弟子，同時有一個出手相挽、冷靜勸導的弟子。這一對角色，學者們

可隨身攜帶的佛龕，4—5 世紀，
大都會博物館

表現的是佛陀出生和涅槃兩個場景，
一頭一尾，象徵了整個佛傳故事。

佛陀涅槃、分舍利、禮敬窣堵波，白沙瓦博物館

佛陀涅槃（台座是扛花環童子），2—3世紀，東京國立博物館

佛陀涅槃，斯瓦特風格，大都會博物館

畫面中，須跋陀羅是面朝佛陀，在有的浮雕中，他是背對佛陀的。

基本確定就是阿難（Ānanda）和阿那律（Aniruddha）。

在犍陀羅涅槃圖中，佛陀最後一個弟子須跋陀羅（Subhadha）的形象很容易辨認，而且在犍陀羅涅槃圖中出現得最為頻繁。須跋陀羅不忍目睹釋迦入滅，於是在釋迦入滅之前先進入滅定。覆頭僧衣標誌其修行僧的身份。這種形象的須跋陀羅形象在巴米揚、克孜爾、敦煌的涅槃圖中被嚴格繼承，也見於雲崗、法隆寺「玉蟲廚子」板繪。除了覆頭衣，須跋陀羅的另外一個特徵是三腳架吊着的皮質水袋，不過這個符號在東亞佛教中罕見。

摩訶迦葉在犍陀羅涅槃圖中不可或缺——因為涅槃故事的結束，需要通過迦葉禮拜佛足，荼毗之火才能燃燒起來——是否也跟他具有火的神通有關？ 在犍陀羅涅槃圖中，迦葉的角色，有跟手持曼陀羅花的外道對話的形象，也有禮拜佛足點燃荼毗之火的形象。在犍陀羅涅槃圖中，多以赤裸兒童表現外道。

在犍陀羅涅槃浮雕中，佛陀的守衛執金剛神表現得非常悲傷。他有時出現在釋迦枕邊或者背後，有時出現在床座的前面。當他出現在前面的時候，表現的是悲痛欲絕倒地的形象。玄奘《大唐西域記》中「拘夷那揭羅國」條記載：「普賢寂滅，側有堵波，是執金剛神躄地處。」這一點，在犍陀羅涅槃浮雕中也被表現出來。執金剛神丟下金剛杵，仆倒在地的情節，後來也被中國和日本的涅槃圖所繼承。

娑羅樹是犍陀羅涅槃浮雕中的又一個典型特徵。諸本《涅槃經》記載，佛陀的床座位於拘尸那羅的兩棵娑羅樹之間，所以犍陀羅浮雕在畫面兩端各配一棵娑羅樹，很少有省略的情況，除非畫面太小。

按照佛陀的遺言，是拘尸那羅的末羅人為佛陀舉行葬禮。待荼毗完畢，末羅人用香水滅火。荼毗後七日夜，起大高樓而以舍利置於樓上，即嚴四兵，防衛守護，並且種種供養。

巴米揚存在巨大的涅槃像，玄奘在 7 世紀經過這裏的時候，記載道：在城東二、三里伽藍中有佛入涅槃臥像，長千餘尺。國王在這裏經

佛陀涅槃，2—3 世紀，弗利爾美術館

畫面左邊，裸體外道和匆匆趕來的大迦葉正在對話。

佛陀涅槃，維多利亞和艾爾伯特美術館

畫面中，執金剛神因為悲傷過度而跌落金剛杵。

常舉行無遮大會，熱鬧非凡。這可能是歷史上規模最大的涅槃像。2008年，法籍阿富汗考古學家塔爾茲（Zemaryalai Tarzi）在巴米揚找到了一尊 19 米長的臥佛的部份身體部位和殘片，不知這是不是玄奘所記載的長千餘尺的涅槃圖。

最為顯著的是，巴米揚石窟所表現的釋迦涅槃中，出現了彌勒。這樣就使故事出現了繼續發展的可能。佛陀的涅槃不是結束，彌勒在未來降臨世間，繼續弘揚佛法。「涅槃」和「彌勒」正是從入滅到重生的意涵。這兩個主題，也正是犍陀羅佛教藝術着重表現的內容。在涅槃諸經中，找不到有關彌勒的記載。他在涅槃圖中出現，並不是來哀悼，而是代表着佛陀入滅，而佛法永恆。日本應德三年（1086）的高野山涅槃圖中，右臥的釋迦牟尼頭前有一菩薩形的人物，榜題云「慈氏菩薩」。這種情況顯示，從巴米揚到漢地可能有一個連續的傳統。

根據《涅槃經》的記載，佛陀要如轉輪王一樣，用五百尋長的布來包裹佛陀遺體。這或許跟當地的葬禮傳統有關。一尋為五尺或六尺，漢譯佛經中，有的翻譯為「五百段」，有的翻譯為「三百餘段」，藏傳佛教傳統則記載為五百層棉布。

在佛陀的遺體被用五百尋布纏繞之後，接下來就是納棺。也就是將佛陀屍體納入三層棺，犍陀羅浮雕中，也有展現將佛陀遺體納棺的場面。

在納棺之後，佛陀的遺體被運往拘尸那羅的火葬場進行荼毗，也就是火葬。犍陀羅浮雕中存在荼毗的場面。畫面上一般是熊熊烈火將棺槨環繞，左右各有一個滅火人，根據文獻記載，是兩位末羅族首領在荼毗之後用香水撲滅熊熊燃燒的火焰，圖像中可見他們手持繫有水罐的長棒。

荼毗之後，待火盡滅，收取骨末，就是佛陀的真身舍利。在佛陀滅跡之後，他的遺體和遺物就成了佛教追隨者心目中的聖物，因此也就引起了爭奪。在犍陀羅浮雕中，可以看到守衛佛陀舍利的情形。

佛陀涅槃，約 3 世紀，柏林亞洲藝術博物館

浮雕上的佛陀被用五百尋布層層纏繞，甚至連頭部也不例外。唯一露出的是佛陀的雙腳。這可能跟有關大迦葉禮拜佛陀雙足有關，根據記載，只有在大迦葉禮拜佛陀雙足之後，荼毗之火才能順利點燃，佛陀的葬禮才能完成。

納棺，西克里佛傳窣堵波，拉合爾博物館

畫面中有娑羅樹、執金剛神、佛陀弟子等角色。《起世經》卷二記載，在納棺之後，又「從上下釘，令其牢固」，浮雕中可以清楚地看到下釘的樣子，棺材上留有明顯的釘牢的痕跡。

茶毗之火，拉合爾博物館

茶毗之火（末羅族供養人噴灑香水、撒鮮花），集美博物館

茶毗之火（左邊是禮敬佛陀舍利的場景），加爾各答印度博物館

舍利作為重要的佛教聖物和政治象徵物，不斷被南亞、中亞，以及後來的中國君主所使用，形成一個綿延千年的傳統。佛陀荼毗後，據《長阿含經》卷四和《菩薩處胎經》等佛經的記載，人間的八國王各嚴四兵來爭舍利。最後各國達成協議，共分舍利。

佛陀舍利最後分成八份，分給八王。主持分舍利的香姓婆羅門把原先裝舍利的瓶子帶回，最後到達的畢缽孔雀王分不到舍利，於是將釋迦牟尼荼毗後留下的炭灰帶回去，也建塔供養。所以漢文佛典裏說：「八王起八塔，金瓶及灰炭；如是閻浮提，始起於十塔。」

在分舍利的犍陀羅浮雕中，中心人物是婆羅門陀羅那，他往往被描述為帶鬍鬚的形象，他端坐中間，主持分配。而在他左右兩邊則站着各國的使者，或四人，或八人，正在等待分配舍利。舍利的形狀是圓團狀，有的上面有條紋。這大概反映了當時的喪葬風俗。

守護舍利（兩女分立荼毗之後尚未分配的佛陀舍利兩側），加爾各答印度博物館

塔形舍利函，1 世紀，大都會博物館

塔形青銅舍利函，4—5 世紀，
高 57.8 厘米，大都會博物館

舍利函（有明顯的後期修補痕跡），
1 世紀，大都會博物館

分舍利，東京善養密寺

佛陀的遺骸被分成了八份，旁邊的諸國使者在焦急地等待，手裏捧着用來裝舍利的容器。

分舍利（台上只剩下五份舍利），拉合爾博物館

值得指出的是，似乎舍利崇拜只有在以犍陀羅地區為中心的西北印度才比較強烈，其他地區並沒有如此寫實而具體地描述舍利的藝術品。雖然參與分舍利的都是今印度本地的部族和國家，並沒有佛典記載有今巴基斯坦、阿富汗或中亞地區的國家參與分舍利，但在犍陀羅分舍利浮雕中，出現了一些身穿束腰上衣和褲子，具有明顯遊牧民族裝束風格的人物。而在搬運舍利的浮雕中，不但有大象，還出現了馬匹和駱駝。這種駱駝，據說是產自巴克特里亞的雙峰駝。

　　佛陀入滅後，舍利分散，建塔供養。此後，分舍利建塔成為佛教的重要傳統。這種象徵佛陀的紀念碑，被分散在重要的地區，成為佛教推廣的尖兵。

　　多層基壇的佛塔，是犍陀羅佛教建築藝術的一大特色。在建築風格上，犍陀羅的佛教寺院較之印度已有明顯變化。中印度窣堵波中的圍欄和塔門已被捨棄，覆缽部份增高，漸趨縮小，台基增高，多至數重，傘頂也升高伸長，傘蓋增至 7 層或 13 層。犍陀羅佛塔主要由方形基座、圓柱形塔身、覆缽、相輪、傘蓋幾部份組成。在大型窣堵波周圍，還由佛教徒贈建了許多小塔，稱奉獻塔。

送舍利，巴基斯坦考古研究所

場景中，護送舍利的人騎着大象，手捧塔形舍利函。分舍利的八王中，有的佛典說有烏仗那國國王上軍王。如果是這樣，最初分舍利時就有一份到了犍陀羅斯瓦特地區。玄奘也記載了上軍王騎白象送舍利回國，接近城門時白象暴斃化作巨石的事情。這塊浮雕或許表現的是上軍王護送舍利的情形。

送舍利，拉合爾博物館

護送者騎的是駱駝，身穿遊牧民族服裝，手捧舍利容器，或許顯示佛教在
中亞地區傳播的情形。

禮拜窣堵波，片岩浮雕，2世紀，柏林東方藝術博物館
左側是典型的犍陀羅窣堵波，方形塔基，中間是半圓形塔體，上面是三層象輪，有階梯沿基壇而上。醒目的是窣堵波被四根阿育王柱環繞。阿育王柱象徵護衛佛法的王權。

禮拜窣堵波，布特卡拉出土

法王塔，塔克西拉

建造於公元前 2 世紀，遺棄於 6 世紀。這可能是最早建造於大犍陀羅地區的佛塔，或許跟阿育王有關。

窣堵波階梯浮雕，約 1 世紀，斯瓦特出土，大都會博物館

在上面有六個水神模樣的形象。也有學者猜測，這是供養者的形象。供養者可能是船民。

六 . 聖物與容器

對佛陀聖物的崇拜是犍陀羅地區的一大特徵。在印度其他地區，包括佛陀出生地，都看不到相關雕像或其他藝術品。佛頂骨、佛牙、佛影、錫杖、袈裟、佛髮、佛鉢、佛足跡、曬衣石等佛教聖物，廣泛分佈在犍陀羅、斯瓦特和今阿富汗南部的廣大地區。法顯的《佛國記》、宋雲的《宋雲行記》和《洛陽伽藍記》、玄奘的《大唐西域記》等都對此有詳細記載。

哈達在賈拉拉巴德以南，是一個重要的佛教中心，也是佛教藝術的天堂。窣堵波眾多，供養佛頂骨舍利等。據玄奘記載，這裏還供養着釋迦牟尼的袈裟、錫杖，乃至世尊的眼睛。

哈達的本來意涵就是「骨」，反映了此處供奉佛陀舍利的神聖性。中國西行求法僧人往往去這裏朝聖，法顯、宋雲、玄奘等都曾在此駐足。哈達的佛教藝術有自己的特點，靈動多樣，包容了希臘、伊朗、印度等多種文化元素。跟犍陀羅核心區不同，這裏的雕像往往是用灰泥雕塑而成。灰泥質地柔軟，雕像柔美細膩，相比犍陀羅佛教造像的靜穆莊嚴，這裏的佛教造像更加柔和靜謐。

除了賈拉拉巴德、布路沙布邏等地供養着佛陀聖物，根據玄奘的記載，迦畢試也保存着釋迦牟尼的遺骸和聖物，比如佛髮。玄奘在《大唐西域記》中記載其在迦畢試見到佛髮的情形：「如來髮，髮色青紺，螺旋右縈，引長尺餘，卷可半寸。」李延壽《南史》等對佛髮都有描述。2001 年 3 月，浙江省文物研究所對雷峰塔地宮進行考古發掘，出土了裝有吳越國王錢弘俶供奉的佛髮舍利，這一佛教珍寶被稱為「佛螺髻髮」，螺髻正是如來三十二相之一。

作為舍利崇拜最根深蒂固的地區，犍陀羅出土了大量的舍利容器。這些舍利容器一般外層是陶、滑石、凍石、片岩等質地，而內層用較為貴重的黃金、水晶等材料製成，形狀有窣堵波形、桓娑形、圓筒形和罐

佛頭或菩薩頭，哈達出土，
大都會博物館

哈達的小型供養窣堵波

佛頭，灰泥雕塑，4—5 世紀，高 29.2 厘米，
哈達出土，維多利亞和艾爾伯特博物館

禮拜佛陀髮冠，拉合爾博物館

鎏金阿育王塔，雷峰塔地宮出土

禮拜佛陀髮冠，白沙瓦博物館

印爪瓦門舍利容器，5—6 年，直徑 9.2 厘米，巴基斯坦出土，大都會博物館

在有紀年的銘文中，印爪瓦門列舉了很多親人的名字，希望能夠通過供養佛陀舍利為他們積攢功德，往生天界。

形等。儘管佛教的最高理想是跳脫六道輪迴，然而對大多數俗人來說，他們只想選擇現實的目標——爭取獲得更好的轉生。舍利容器中保存的銘文，清楚地說明舍利供養者的願望。比如大都會博物館收藏的印爪瓦門（Indravarman）王子和拉瑪卡（Ramaka）供養的舍利容器，都帶有類似願望的銘文。

　　犍陀羅現存的舍利容器中，與舍利一起，往往保存着寶石、水晶、錢幣、金銀藝術品等在當時被認為是貴重物件的東西。這也符合佛教文獻的記載。而且這種做法在東亞地區也被繼承下來。中國出土的舍利容器中，往往也伴隨着金銀珠寶。

經歷千年風霜、至今矗立在西安的大雁塔是中國中古時代帶有強烈世界主義（cosmopolitanism）色彩的輝煌文明的見證者。它的得名，也跟舍利崇拜有關係。它的基本意涵來自跟舍利崇拜關係密切的一種神鳥「桓娑」（Hamsa）。

桓娑是吠陀時代主神梵天的坐騎，在印度教裏它象徵着梵天。在佛教中，桓娑的飛翔象徵着跳脫六道輪迴（samsara）。桓娑作為一種精神符號和裝飾元素，在犍陀羅藝術中常常出現。其出現在跟佛陀舍利供養有關的器物上，比如舍利容器、佛塔等，顯示它跟跳脫六道輪迴、涅槃等主題有關。

1861 年，在塔克西拉出土了一個圓形的石罐，在石罐裏發現了一件水晶製成的桓娑形狀的舍利容器。同時出土的還有一件大約 3 英寸長的帶有銘文的金葉，即學界所謂的「塔克西拉文書」（Taxila scroll），時代是 1 世紀前後。銘文的意思是：「喜娃（Sira）在桓娑（形的容器）中保存一片佛祖的舍利，（以此功德，）祝願父母獲得（更好的）重生。」[4] 舍利容器的造型選擇桓娑，也清晰地解釋了桓娑作為重要佛教信仰符號的意義。

有名的畢馬蘭的金製舍利盒，時代可能屬於 1 世紀前後，也帶有桓娑符號。其銘文翻譯過來，大體意思是：「蒙迦宛達（Mumjavamda）之子喜娃拉茲達（Shivaraksita）的神聖供品，以眾佛之名，供奉佛陀舍利。」在畢馬蘭舍利函的上部，每個連拱門之間，都刻劃了一隻伸展翅膀的類似雁形的鳥，若結合其他舍利容器，可以推斷，這裏展現的依然是桓娑。桓娑在這裏的意涵，應該跟其他地方出土舍利容器上的符號一樣，代表跳脫六道輪迴等佛教教義。

大雁塔

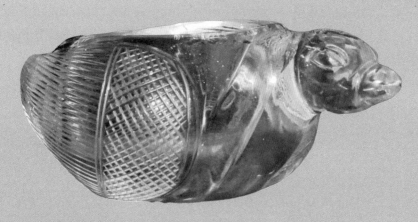

桓娑形水晶舍利容器，塔克西拉出土，大英博物館

前文我們提到的迦膩色迦青銅舍利函蓋子邊緣也裝飾了一圈飛翔的桓娑，象徵着從六道輪迴中跳脫，這也是佛教的一種最基本的理想，有一些桓娑嘴上還噙着象徵勝利的花環。

桓娑作為重要的宗教符號，也出現在于闐。紐約大都會博物館所藏編號為 30.32.8 的彩色浮雕，表現的是帶有花冠狀尾翼的桓娑。此浮雕出土於新疆和田和葉城之間的帕爾漫，屬於 6—7 世紀的于闐王國。這塊帶有桓娑形象的浮雕，是一座佛教寺院內部牆壁裝飾的一部份，可以揣測，這裏的桓娑並非一隻，而是如其他佛教遺蹟所見的桓娑一樣，是一長串聖鳥中的一隻。這一長串的桓娑，很可能是圍着四面牆壁的下沿，劃出一個神聖的宗教空間。

在庫車石窟天象圖中，描繪有立佛像和數量眾多的飛鳥，那些飛鳥也是桓娑。從印度本土到大乘佛教興起的犍陀羅地區，桓娑作為跟佛陀、涅槃、重生、舍利供養等佛教意涵緊密相聯的符號和形象，沿着絲綢之路一路東進。一方面，體現在佛教藝術和建築上，不論是佛教雕塑、壁畫，還是舍利容器，都可見到桓娑成行飛行的形象；另一方面，作為重要的概念，桓娑被翻譯為雁，進入中土佛教的話語系統，佛塔（塔的本意就是墳墓）作為保存佛陀舍利的神聖空間，如舍利容器一樣，也就被冠以「雁塔」的名稱。這一名稱，並不被西安大雁塔所專有，也跟具體的僧人無關，它所植根的是佛教最基本的信仰和思想傳統，閃耀着中外文化交流的光芒。

畢馬蘭舍利函，大英博物館

帶有桓娑形象的于闐佛寺建築裝飾浮雕及其邊框，
大都會博物館

【註釋】

1 《大正藏》第 3 冊，第 667 頁下。

2 《大正藏》第 3 冊，第 474 頁上。

3 地婆訶羅譯《方廣大莊嚴經》第 7 卷，《大正藏》第 3 冊。

4 E. Errington, *The Western Discovery of the Art of Gandhara and the Finds of Jamalgarhi*, Lodon: University of Lodon Press, pp. 177-178. 有關討論也請參看 Vadime Ellsseeff, *The Silk Roads: Highways of Culture and Commerce,* Berghahn Books, 1998, p. 121; W. Zwalf, *Gandhara Sculpture in the British Museum,* 1985, p. 345, cat. no. 657。

佛陀坐像，2—3 世紀，片岩浮雕，犍陀羅夏瑪爾·嘎里（Jamal Garhi）地區出土，大英博物館

佛陀結講法印，有背光，整個雕像極富感染力，細節刻劃得很完美，展現了佛陀作為眾生導師的形象。

第四章

佛像與菩薩像
的興起

在犍陀羅興起的大乘佛教，其核心的信仰和理念從追求個人的自我救贖轉變為標榜拯救一切眾生。並以此為標準，把追求自我解脫之道稱為「小乘」，把普救眾生之道稱為「大乘」。這對佛教的神格體系也產生了根本性的影響。追求自我解脫的小乘佛教視佛陀為人格化的導師，而非無所不能的神祇。但是在大乘佛教的體系裏，佛陀成為最高神靈——這一點在迦膩色迦的錢幣上有所表現。迦膩色迦錢幣上出現了佛陀的形象，和其他出現在迦膩色迦錢幣上的印度教和袄教諸神一樣，顯然佛陀已經被視為神。

菩薩和佛是緊密相關的一對概念。佛果的成就，需要依照菩薩行而圓滿成就。可以說，最能體現大乘佛教這一核心理念的，就是「菩薩」（Bodhisattva）概念的出現。

一般認為，「菩薩」的概念在公元前後出現，他「發菩提心，修菩薩行，求成無上菩提」，宣揚「佛果莊嚴，菩薩大行」，這跟「發出離心，修己利行，求成阿羅漢」的舊傳統有區別。慈悲和智慧，成為菩薩的最好形容。菩薩信仰隨着佛教傳入中國，再傳入日本和朝鮮半島，東亞菩薩信仰也達到頂峰，成為東亞信仰世界的重要組成部份。

菩薩殘軀，4—5 世紀，大都會博物館

菩薩軀幹，5世紀，
大都會博物館

菩薩頭像，2—3世紀，大都會博物館

一．佛內涵的變化和佛像的出現

相對數量眾多的菩薩像而言，犍陀羅的佛像數量沒有那麼多。相比菩薩像多作奢華的貴族王子打扮，犍陀羅的佛像完全是樸素典雅、靜穆無慾的姿容。佛像不佩戴裝飾，而是以當時的僧衣為藍本，大衣覆蓋全身，起伏的衣紋展示佛陀偉岸的身軀。波浪鬈髮整齊束於頭頂。犍陀羅的佛陀臉形圓長，鼻樑高挺，威而不露。坐像一般是結跏趺坐或者半跏趺坐，手結禪定印、說法印、無畏印等印式。早期犍陀羅的佛像雙目圓睜，透出威嚴，往往帶有髭鬚。隨着時間推移，佛像慢慢垂下眼瞼，半閉的眼睛透出沉思冥想的柔和之情。

犍陀羅佛像一般用當地出產的一種堅硬細膩的黑青色石料雕刻。雕刻完成後，在表面塗上一層胡粉再加上彩繪，這才完成一尊佛像的塑造。很可惜的是，由於年代久遠，這些色彩很多已經從佛像上脫落了。犍陀羅的佛像大部份是釋迦牟尼，但也有七佛或者四佛並列的情形，表現的可能是過去佛的信仰。由於沒有文字資料，因此不能確定阿彌陀佛、藥師佛等形象是否已經在犍陀羅出現。除了石刻佛像之外，犍陀羅也存在少量的金銅佛造像，身大手長，僧衣厚重，曲線顯現，帶有強烈的犍陀羅佛像寫實主義的特徵。中國魏晉南北朝時期的金銅佛雕像，明顯也受到犍陀羅風格的影響。

在犍陀羅奠定的佛像模式，傳入中土，對中國佛教造像產生了重要影響。犍陀羅佛像的影子和痕跡，在中國早期佛像中依然能夠看到，比如後趙建武四年（338）的鎏金銅佛坐像。

那麼，犍陀羅佛像是怎麼產生的呢？

早期佛教思想，認為任何姿容和樣式的形象，都不足以描述超越輪迴獲得最終解脫的佛陀。《增一阿含經》說，「如來是身不可造作」，「不可摸則，不可言長言短」。在佛像出現之前，也就是佛陀涅槃後的數百年中，人們往往用一些跟佛陀關係密切的符號或者物件來象徵佛

佛陀立像，東京國立博物館

健陀羅佛像，高度寫實的風格，
完美的橢圓臉形，波浪式鬈髮，
挺拔健碩的身軀，典型的希臘
式高挺的鼻子，幾乎完全是按
照希臘美男子的審美標準塑
造，卻是來自健陀羅的佛像。
健陀羅佛像呈現的是一種莊嚴
靜穆的宗教美感。

佛陀坐像，鎏金銅佛，三藩市亞洲藝
術博物館

像高 39.7 厘米，為後趙建武四年塑，高
肉髻，束髮，着通肩式大衣，雙手於胸前
結禪定印，趺坐於四方台座上。

佛陀立像，白沙瓦博物館

佛陀雙目圓睜，帶有髭鬚

陀，比如菩提樹、法輪、佛足跡、台座、窣堵波等。建於公元前 2 世紀至前 1 世紀的巴爾胡特窣堵波圍欄浮雕及桑奇大塔塔門保存了大量這樣的作品。這種「看不見的佛陀」，是佛教美術發展的重要階段。

　　犍陀羅佛教藝術早期階段可能延續了上述部份傳統，比如不表現佛陀成道之後的姿容，因為成道之後就成佛，佛像無法表現。但是，似乎犍陀羅佛教藝術早期階段非常熱衷表現佛陀青年王子的形象和菩薩修行的形象。從邏輯上說，這個時候佛陀還沒有成道，是可以表現出他的樣貌的。在布特卡拉的佛傳浮雕中，從未發現表現佛陀成道後場景的內容，都是佛陀青年時代、修行成道之前的內容。

國王夫婦拜見佛陀，公元前 2 世紀早期，巴爾胡特，弗利爾美術館
這是巽伽王朝藝術作品，畫面中用法輪代替佛陀，此時佛像還沒有出現。

佛陀坐像，維吉尼亞藝術博物館

佛足印，西克里出土，拉合爾博物館

佛陀和菩提樹，都靈東方藝術博物館

公元 1 世紀的黃金之丘，雖然沒有出土我們現在常見的佛陀像，但是似乎出土了另外一種樣式的佛像——這種佛像可能是早期製作佛像的一種被放棄的樣式。

　　阿富汗北部的希比爾甘（Shibarghan）位於首都喀布爾西北 340 公里，在其東北約 5 公里的地方有一處大夏至貴霜時代的城市遺址，遺址周圍有一個直徑百米、高三米的山丘，被當地人稱為提拉達坂（Tillya-tepe，意為黃金之丘）。1978 年 11 月，蘇聯和阿富汗聯合考古隊在這裏發掘了六座墓葬。這六座墓葬有一座屬於男人，其他是女性墓主人。最令人震驚的是，在這些墓葬中，考古隊發現了多達兩萬多件金器及其他文物。出土物品具有多重文化屬性，除了希臘神祇狄俄尼索斯、雅典娜等形象，還能看到來自中國的銅鏡、敍利亞的玻璃、印度的象牙等。其中黃金之丘 2 號墓出土的銅鏡上，有漢文銘文：「君忘而失志兮，憂使心臾者；臾不可盡兮，心污結而獨愁；明知非，不可久處（兮），志所歡，不能已。」意境悠遠，應該是當時銅鏡中的精品。

　　黃金之丘的六座墓葬，當時挖掘了五座，第六座完整保留下來，可惜的是，隨後遭到洗劫。當時是蘇聯入侵阿富汗的前夜，出土的寶藏被迅速轉移到阿富汗首都喀布爾。在 20 世紀 90 年代塔利班統治時期，很多人以為黃金寶藏被盜走了，但實際上被完好無損地保存了下來。2003 年，這批黃金寶藏再次出現在公眾面前。為此，阿富汗在喀布爾專門修建了博物館用以保存。其中部份文物於 2006—2007 年在法國集美博物館展覽，2008—2009 年在美國展覽，2016 年在日本展覽。2017 年，在中國大陸展覽；2019—2020 年在香港展覽。

　　黃金之丘的年代大致是 1 世紀的三、四十年代，這正是貴霜第一代君主丘就卻崛起的時期。4 號墓男主人，約 50 歲，胸上有印度系的金幣和中國銅鏡，屍體右側陪葬鐵劍，左側插置刀鞘、弓箭。很可能是一位貴霜翕侯，也可能是塞種人的酋長，甚至很可能是張騫見過的大月氏王侯。

步搖冠，6號墓出土，阿富汗國家博物館

帶有雅典娜形象的戒指，2號墓
出土，阿富汗國家博物館

馭龍者，3號墓出土，阿富汗國家博物館

黃金飾品，黃金之丘出土，阿富汗國
家博物館

　　黃金之丘提拉達坂展現的文化風貌，可能是犍陀羅佛教藝術形成之初的情況。最引人矚目的是，在4號墓出土的金幣上，可能出現了佛陀的形象。這枚金幣上呈現的佛陀像跟傳世風格迥異，甚至可以說完全是另外一種創造佛像的努力，但很可能是現存已知最早的佛陀形象，反映了犍陀羅藝術在發展初期對如何塑造佛陀像的探索和嘗試。這種姿容的佛像很可能在後來的發展中被逐漸淘汰了，留下現在佔據主流的佛像造型。

　　這枚印度系金幣正面表現的是一個行走中的人，雙手推動一個轉動的輪子，上面的佉盧文銘文為「dharma-cakra pravata[ko]」，意思是「轉法輪者」。金幣上的「佛陀」，推動的法輪上有八條車輻，可能象徵八正道。就銘文來看，表現的似乎是佛陀，因為轉動法輪的只能是佛陀。佛第一次講法也因此被稱為初轉法輪。但是，這枚金幣上的人物形象，顯然跟後世見到的佛陀有很大的區別，可能是混合了轉輪聖王和希臘英雄形象的佛陀。該形象從左肩到腰部身披獸皮，看似尾巴的部份應該是獸皮的下端，很可能參考了希臘羅馬神話中的大力神赫拉克勒斯的形象。很有可能的是，這是一種在佛像發明和發展過程中失敗的嘗試。

帶有佛陀形象的金幣，4號墓出土，阿富汗國家博物館

金幣上的佛陀形象跟後世不同，是混合了轉輪聖王和希臘神話英雄形象的人物像，從某種意義上說，這也反映了轉輪聖王的形象。

這枚金幣背面的圖像也能說明問題。在它的背面是獅子的形象，獅子右爪抬起，面朝左邊。其右上方是佉盧文銘文「Sih(o) vigatabhay(o)」，意思是「驅逐恐懼的獅子」。獅子經常象徵佛陀或者菩薩的精神力量，通過獅子吼讓世人驚醒覺悟，領會正法的真諦。在獅子前方是佛教三寶的符號。這可能是在犍陀羅佛教藝術萌芽階段的一種藝術嘗試，但這種樣式沒有被繼承發展，也就沒有成為後來的主流藝術形式，從而湮沒在歷史長河中。但這對理解佛陀形象的出現，提供了很重要的一個思路。

一般認為，犍陀羅佛像的創作理念，應該受到希臘、羅馬藝術「神人同形」思想的影響，所以佛陀的姿容用人體雕塑的形式表現出來。帶有濃厚希臘、羅馬風格的犍陀羅佛像，被稱為「希臘化的佛像」（Hellenistic Buddha）或乾脆被稱為「阿波羅式佛像」——一般認為，佛陀的背光形象來自於阿波羅，所以佛陀帶有白種人的特徵。犍陀羅佛像這種造像風格，影響深遠，中國兩晉十六國時期的金銅佛像，乃至雲崗和敦煌的佛像，都受到犍陀羅藝術的深刻影響。

關於佛像到底最先在哪裏產生，學者們圍繞犍陀羅和馬土拉兩種觀點爭論不休。就菩薩像而言，根據出土資料，可以確證，現在通常接受的菩薩造型——傳至中國的衣着華麗、身戴瓔珞的王子形象的菩薩是誕生於犍陀羅地區，而非馬土拉。在馬土拉，佛像和菩薩像在外觀上並沒有顯著的區別，如果不在銘文中明確標誌佛像或者菩薩像，甚至難以辨別。犍陀羅的佛像和菩薩像應是符合當地貴族和商人的品位，其裝扮並不是印度式的，而是融合多種文化傳統的產物。

最早的佛像應該不早於 2 世紀。就如宮治昭指出的那樣，無論是犍陀羅還是馬土拉最先發展出佛像，有明確紀年的佛像最早也是屬於迦膩色迦統治時期。除了白沙瓦附近出土的迦膩色迦舍利容器之外，迦膩色迦還把佛像鑴刻在自己的金幣上。

為聖人和英雄塑像，是希臘文化傳統的一大特徵。很可能，第一尊

佛陀立像，白沙瓦博物館

這是一種典型的所謂阿波羅式佛像，容貌帶有希臘人特徵。

佛陀立像，白沙瓦博物館

犍陀羅的佛像表現出超凡脫俗，靜穆莊嚴的美感，同時具有世界主義的精神和氣質。

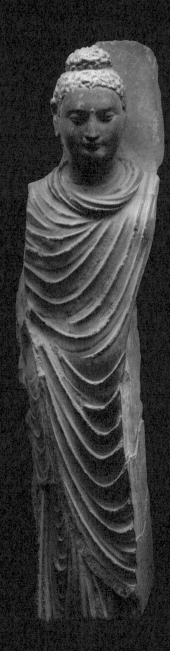

典型的犍陀羅佛陀立像，加爾
各答印度博物館

佛陀立像，拉合爾博物館

佛陀的塑像就是一尊純粹的阿波羅雕像，再加上佛陀的一些大人之相，其包着花頭巾的髮髻，最後發展成隆起的前額。

馬歇爾在《犍陀羅佛教藝術》中將犍陀羅佛教藝術分為前後兩個階段。第一階段是 1 世紀末到 140 年，這個時期，佛教藝術的主要形式是佛傳故事，佛像在佛傳浮雕中的地位並不突出；第二階段是 140 年到 230 年，這個時期，出現了單體佛像。隨着佛

佛陀與供養人，泥塑，塔克西拉博物館

教發展，信徒們對禮拜佛像的要求越來越強烈，在 3 世紀開始，在窣堵波周圍開始建造佛堂，供養佛像。這些佛像一般高 3—4.5 米。比如塔克西拉的法王塔，中心大塔的周邊，建造了一圈佛堂供養佛像。但是這時的信仰中心仍然是禮拜佛塔，佈施佛像。隨着佛像神化程度越來越高，佛像越做越大，最終取代佛塔成為佛教徒主要的禮拜對象。

犍陀羅佛像早期的形象，帶有自由靈動的氣質，但到了後來，逐漸被一種冥想靜穆的風格所取代。經過幾個世紀的發展，佛像的眼瞼漸漸低垂，面部線條慢慢僵硬，袍服越來越緊貼，軀幹本身也越來越抽象，呈現出東方化、神秘化的發展軌跡。

有關佛像產生的討論，除了強調希臘（小部份強調羅馬）文化傳統和藝術的影響，以及印度本土佛教藝術的元素外，也有學者強調伊朗文明的影響，或者強調貴霜王朝和貴霜文明的獨特性對佛像產生的影響。桑山正進將佛像的出現與貴霜民族的民族性結合起來，認為佛陀偶像的產生與印度文化傳統毫不相干。犍陀羅的佛教改革者，一方面，改變了涅槃內容，從無限輪迴中的完全消亡變成《妙法蓮華經》等所描繪的具體的極樂世界，吸引了實用主義的貴霜祆教徒的興趣；另一方面，改革

裝飾佛像，塔克西拉焦里安佛教遺址

佛陀立像，3世紀，高 92.7 厘米，
大都會博物館

者強調佈施帶來的功德，保證大家即使不苦修，也能進入美妙的佛教極樂世界。田邊勝美認為，犍陀羅佛像和菩薩像起源於伊朗，最根本的因素是貴霜文化自身的作用，而不是早期印度佛教和外來希臘羅馬文化的融合。

意大利考古隊在犍陀羅北部的斯瓦特谷地考古，發現了大量的佛教藝術品，其中最引人注目的是布特卡拉 1 號遺址。在斷代為公元前後的佛教雕塑中，有以傳統的佛足印、日輪表現佛陀的藝術品，有用釋迦太子形象表現未出家的釋迦牟尼，但是也發現了一些佛像。這些出土於斯瓦特的梵天勸請浮雕，一般是佛陀結跏趺坐於菩提樹下、施禪定印，梵天和帝釋天合掌脇侍兩旁。

宮治昭認為，出現在犍陀羅和馬土拉的佛像，右手揚掌向外施無畏印，可能是受到了西亞國王向神立誓、羅馬皇帝向人民祝福的手勢影響。簡單地說，這是一種土者的手勢。

犍陀羅佛臉部和軀體很多都曾施以金箔，以體現金色身相。

佛陀眉間白毫相及丈光相有文獻的依據。根據佛經記載，佛陀眉間有右旋的柔軟細毛，佛陀之光從這裏發出。犍陀羅藝術家們往往在佛陀像眉間刻出一個圓形，到了後來，也在眉間挖出凹槽鑲嵌寶石。田邊勝美認為佛像的「白毫」可能是在中亞地區產生的，並影響到犍陀羅等地。在安息人和貴霜人鑄造的錢幣上，國王肖像就帶有此類印記。這一面部印記與王權神授思想有關，源於中亞、大夏及鄰近地區，隨着貴霜人向南遷徙，傳播到犍陀羅地區，並被貴霜王朝繁榮的犍陀羅藝術所接受，這也是用君主像描繪佛陀像的又一個例證。

Buddha In Reassuring Pose
Dharmarajika
2nd - 3rd Cent A.D.

佛陀立像，施無畏印，塔克西拉
博物館

佛陀立像（台座上似乎表現的是
梵天勸請），大都會博物館

佛頭，殘存金粉，拉合爾博物館

佛陀坐像，頭光，青銅鍍金，1—2世紀，大都會博物館

立佛，5—6世紀，木雕，大都會博物館
這尊立佛出土於吐魯番地區，可跟犍陀羅青銅
佛陀立像對比。

佛陀立像，舉身光，黃銅，6世紀晚期，
高 33.7 厘米，大都會博物館

佛像頭部細節，白沙瓦博物館

二. 幾種特殊佛像樣式

迦畢試（Kapisa），在漢文佛典裏又被譯為「迦臂施」「迦毗尸」「迦卑試」「迦比沙」等名稱。迦畢試的大體範圍相當於今天的貝格拉姆，位於喀布爾西北幾十公里處，地理位置非常重要。在歷史上，這裏是絲綢之路的重要一環，從這裏往西，穿過群山，可以到達巴米揚。貴霜時期，尤其是迦膩色迦統治時期，迦畢試是貴霜帝國的夏都，是重要的軍事據點和宗教中心。

迦畢試的佛像造像具有強烈的自身風格，跟其他區域不同。與常見的希臘樣式犍陀羅佛像相比，迦畢試的佛像更加強調佛陀神通的一面，出現了火焰紋樣的背光模式。有的佛像頭光和背光都是火焰紋，頭光邊緣為鋸齒紋。迦畢試佛陀造像雙肩出火的形象，無疑令人想起了雙肩出火的貴霜君主迦膩色迦。

迦膩色迦雙肩發出火焰的形象，不僅出現在他的錢幣上，也被漢文資料記載所印證。630 年左右，西行求法的玄奘到達迦畢試國（今阿富汗貝格拉姆附近）。在這裏，他聽聞了貴霜帝國君主迦膩色迦降伏龍王的故事。在迦畢試北邊興都庫什山中有龍池，內有惡龍。因為前世孽緣，經常颳起風雨，摧拔樹木。迦膩色迦在雪山下修建的伽藍、窣堵波，也被龍王毀壞。屢建屢毀之後，迦膩色迦興兵討伐，準備將龍池填埋。龍王顯出神通，聲震雷動，沙石如雨，軍馬驚駭。迦膩色迦大怒，乃歸命三寶，請求佛法加護，發願説：「宿殖多福，得為人王。威懾強敵，統贍部州。今為龍畜所屈，誠乃我之薄福也。願諸福力於今現前。」發願完畢，迦膩色迦「即於兩肩起大煙焰」，結果龍王震懼屈服。[1]

這個故事有一處細節很有意思：迦膩色迦雙肩「起大煙焰」，就讓龍王嚇得投降了。據玄奘記載，這個神通源於迦膩色迦統治南贍部洲為王的福力，雙肩出火正是其福力「於今現前」的結果。1912 年，列維

（Sylvain Lévi）在《通報》上發表文章，指出迦膩色迦的神通來自他作為佛教轉輪王的福力。[2] 無疑，玄奘記載的迦膩色迦降伏龍王的故事，佐證了列維的論述。佛教轉輪王作為世俗世界的理想統治者，除了具有三十二相之外，還具有其他君主所不及的神力或神通，轉輪王本身就是累劫修行積累功德的結果。

有關迦膩色迦的這些「荒誕」的傳說，其實有着具體的宗教信仰的基礎。玄奘留給後人的迦膩色迦雙肩出火的神話，並不是他的想像和胡言亂語。大英博物館藏迦膩色迦金幣上，就赫然出現了這位偉大君主雙肩出火的形象。這枚金幣的背面是佛陀，身着通肩式佛衣，正面而立，右手施無畏印，左手拖拽佛衣一角，左側有希臘銘文「BODDO」，即「佛」。貴霜錢幣背面往往刻劃各種神祇，希臘的、伊朗的、印度的。很顯然，在這枚金幣上，佛陀也被視為神，而不再是人間導師——這是大乘佛教的重要理念。最令人感興趣的圖像出現在金幣的正面：作為君主的迦膩色迦，穿着厚重的服飾，長長的靴子，手持長矛，右手指向火壇。而他的肩膀發出火焰，呈現出「焰肩」的形象。[3]

迦膩色迦肩膀上發出的火焰，並不是特例。至少早在其父親威瑪·卡德菲塞斯的錢幣上，就已經出現了雙肩出火的君主形象。似乎是在迦膩色迦之子胡毗色迦統治時期，焰肩的形象符號，逐漸讓位於頭光和背光。焰肩的形象，可以說是貴霜王權的重要符號。而且，從迦膩色迦的這枚金幣看，君主有焰肩，但是佛陀沒有這一特徵，或許說明這時候還沒有用這一描述君主的符號來描繪佛陀。

玄奘記載迦膩色迦降伏龍王的地點正是迦畢試。從藝術風格來看，從這一地區的紹托拉克（Shadolak）、派特瓦（Paitava）等遺蹟出土的佛陀造像，跟廣義的犍陀羅佛像有顯著區別。比如，特別突出佛陀的偉大，帶有「反寫實主義」風格，或者説帶有濃厚的宗教神秘主義色彩。而迦畢試的佛像則貫徹了強調佛陀神通的思路，比如佛陀的頭光和背光用火焰紋裝飾，頭光邊緣呈現鋸齒狀。最為突出的就是大家熟知的雙神

變——佛像上身出火，下身出水，此造型很直接地表現了釋迦牟尼、燃燈佛以及君主超凡神聖的特徵。最具代表意義的是派特瓦出土的舍衛城神變大奇蹟佛和紹托拉克出土的燃燈佛授記本生立像。本傑明·羅蘭德（Benjamin Roland）認為，迦畢試的樣式顯然是宗教色彩濃於人文色彩，呈現出概括的、正面的、神秘的稚拙特徵。佛陀從帶有常人特點的導師形象，轉變為威力巨大的、神通的神明。佛陀通過展現神通，馴服外道，説服信徒。迦畢試佛陀造像的變化，反映了佛教思想和傳教方式的變遷。

佛像雙肩發出火焰的造像，主要出現於迦畢試中部地區。焰肩佛的造型，似乎是迦畢試的傳統。這種雙肩發出火焰的造型，不僅見於釋迦牟尼的雙神變，而且見於燃燈佛，以及佛陀結禪定印、結跏趺坐的場景中——犍陀羅其他地區很少看到。一般認為，這是犍陀羅佛教藝術的晚期形式之一，興盛於 4—5 世紀。最早傳入中國的犍陀羅佛像有不少是帶有火焰及背光的迦畢試風格佛像，新疆拜城縣克孜爾石窟（第 207 窟壁畫）、吐魯番拜西哈爾千佛洞（第 3 窟壁畫）和鄯善吐峪溝石窟壁畫都能看到焰肩佛像。這種樣式依次進入中國、朝鮮、日本，成為東亞佛教藝術中的常見樣式。

佛像在創造的過程中，吸收了王者的形象和符號來裝扮。比如佛和轉輪王都有三十二相，甚至佛和轉輪王的葬禮也都一樣。從時間順序上分析，迦畢試佛像出現雙肩出火的形象，要遠遠晚於貴霜早期君主的同類形象。所以不難推斷，是佛教借用了描繪君主的手法來描繪佛陀，以展現其神聖的特質。1979 年，烏茲別克斯坦的卡拉·特佩（Kara-tepe）遺址出土了帶有「佛陀—瑪茲達」（Buddha-Mazda）銘文的壁畫。卡拉·特佩是重要的佛教遺址，地處巴克特里亞——吐火羅故地。一般認為，2—3 世紀，這裏是貴霜帝國的一個重要佛教中心。壁畫中，佛陀結跏趺坐，結禪定印。最令人矚目的是，佛像背光明顯由發出的火焰組成。結合銘文中的「佛陀—瑪茲達」字樣，可以推定這是一尊佛教的佛

雙神變，迦畢試式樣，2—3世紀，74.4厘米 × 49.7厘米，
柏林亞洲藝術博物館

威瑪・卡德菲塞斯（帶焰肩）金幣，
大英博物館

雙神變，迦畢試，阿富汗國家博物館

雙神變佛陀立像細部，腳下出水，阿富汗國家博物館

雙神變，克利夫蘭博物館

佛陀雙肩發出長長的煙焰，身邊是龍王、僧侶和貴族供養人。

陀和祆教的阿胡拉・瑪茲達合體的佛像，或可說，是佛教吸收了祆教最高神及其拜火特徵融合而成的一種藝術模式。[4]

　　佛陀的焰肩是否借用了貴霜君主的焰肩造型，尚無文獻證據，只能作圖像和邏輯上的聯想。但可以肯定的是，迦膩色迦等貴霜君主雙肩出火，是一種王權符號，是象徵帝王權威的光芒。這種君主造型似乎後來捨棄不用，比如印度的笈多王朝就沒有見到類似的君主形象。迦膩色迦的焰肩，大多數學者認為跟伊朗傳統有關，體現了君主的權威和神力。與此結論相應的是，在上述迦膩色迦金幣上，迦膩色迦確實手指火壇，似乎是向火壇獻祭。

　　但故事往往還有另一面，這樣畫面才更完整。首先可以想到的是，這種上身出火、腳下出水的神通，在佛教傳統和教義中，是否有自己的邏輯。佛陀具有十種功德，其中之一是明行具足，神通本就是佛陀的功德之一。通過展現神通摧破外道、說服信徒，是宗教歷來強調的重要內容。佛陀和轉輪王都具備超自然的神通，能夠降伏強大的邪神和對手。佛陀具有光明的屬性，正如《法句經》中將其描述為日夜發光、摧毀黑暗的形象。在佛教典籍中，佛陀在舍衛城展現神通，其中就包括水火雙神變（Yamaka-pāṭihāriya），身下出火，身上出水，或者身上出火，身下出水，最終挫敗了外道的挑戰，這是佛傳故事中很重要的場景之一。有學者如宮治昭就認為，雙肩出火這種表達方式，基本意涵很可能是佛教的火光定或火三昧。

　　然而，佛典最頻繁提到的雙神變情節是佛陀弟子迦葉展現這種神通。故事的基本情節是：佛陀讓迦葉給眾人展示神通，展示完畢後迦葉告訴大家，自己是佛陀的弟子，從而令眾人認識到佛陀的偉大。比如《佛本行集經》描述迦葉展現神通，「身出煙焰」。更多描述廣泛見於《中阿含經》《雜阿含經》等，比如前者描述迦葉展現神通：「迦葉入火定已，身中便出種種火焰，青、黃、赤、白中水精色，下身出火，上身出水，上身出火，下身出水。」但是，佛陀為甚麼要迦葉展示神通

呢？《雜阿含經》中寫道，佛陀要求迦葉「棄汝先所奉，事火等眾事。今可說其義，捨事火之由」。也就是說，佛陀要迦葉告訴大家，他為甚麼要放棄拜火，轉奉佛教。

討論到此，又不得不回到佛教早期階段。佛陀和迦葉的關係，或許能給歷史畫面再增加一塊拼圖。有一種觀點認為，迦葉最初是拜火教（祆教，瑣羅亞斯德教）的教團領袖。他的教團集體加入佛教，是佛教發展過程中一個重大事件。有關佛陀收服迦葉的描述，在佛教文獻中很多。比如《佛說太子瑞應本起經》，佛陀向迦葉借住「火室」（內有毒龍）一晚。佛陀進去之後，毒龍大怒，身中出煙，佛陀入禪定，也現出神通，身中出煙；龍大怒，全身出火，佛陀也身出火光。火室俱焚，最後佛陀收服火龍，將其收入佛缽。這個故事可能反映的是佛教戰勝祆教的意涵。佛陀收服拜火教火龍和迦膩色迦收服迦畢試龍王，在敘事結構和內容上，都很有相似的地方。

雖不能完全認定迦葉是祆教徒，但至少可以說明，佛教在其發展過程中吸收了一些其他宗教的儀式和思想元素，這些外來元素和自身的傳統，共同影響了佛教文獻的敘事，也影響了佛教藝術的發展。

迦畢試地區特別熱衷的題材，除了焰肩之外，還有授記，不但有燃燈佛授記、彌勒授記，還有君主的授記，比如阿育王施土姻緣，這種宗教與世俗的雙重授記，體現的或許是佛陀和轉輪王彼此映照的時間觀念。

除了迦畢試樣式，犍陀羅佛教藝術晚期在許多地方都有新的發展，呈現出地方性特色。一般認為，到了晚期，犍陀羅的石雕藝術有所衰落，材料更多地使用成本低廉的白灰泥，從雕像走向塑像，希臘—巴克特里亞「甘奇」泥塑傳統獲得極大的推廣。風格上，迦畢試樣式從寫實主義走向了神秘主義，創造了肩部火焰紋和火焰紋背光；在巴米揚等地方，大型佛像的建造成為一種潮流；在哈達，佛像呈現出女性化柔美的特色；豐都基斯坦的佛像和菩薩像，則出現了珠光寶氣一樣的繁華裝

人物形象，哈達出土，集美博物館

飾，呈現出極度世俗化的特徵。

在貴霜後期，4世紀末至5世紀初，甘奇雕像盛極一時。這種灰泥雕像，白色略帶黃色，人物五官用淡彩。出土最多的是哈達地區，包括佛立像、佛頭塑像、菩薩頭像、支持三寶法輪的大地母神塑像等。哈達發現的塑像，大多保存在阿富汗的喀布爾美術館，也有部份保存在法國集美博物館以及日本等地。與使用片岩材料相比，灰泥佛像有自己的優勢，比如藝術表現更加自由，更適合塑造大型佛像──不必局限於石料的大小。塔克西拉出土的等身佛像，大多是灰泥塑造。而且灰泥材料讓佛像顯得更加柔美細膩，呈現出跟大理石相近的效果，使佛陀更加慈祥溫和。

哈達最為著名的雕像應是阿富汗國家博物館藏的沉思的佛陀頭像，這是一件典型的融合希臘古典風格和東方文明的傑作，使佛陀更加接近信眾，符合大慈大悲的形象。和冰冷堅硬的片岩相比，甘奇泥塑技術似乎使佛陀普度眾生的精神得到了更好的表現。哈達的泥塑佛像對中亞和中國新疆的佛教泥塑藝術都有很大的影響，佛像呈現出女性化和東方化的特點。

與犍陀羅高貴典雅樸素的風格相比，豐都基斯坦（Fondukistan）出土的佛像和菩薩像裝飾異常豪華，呈現出極端世俗化的特徵。豐都基斯坦遺址位於貝格拉姆北方的高班德河谷（Ghorband），這裏受到薩珊波斯文明的影響，有學者認為，豐都基斯坦的佛教藝術是薩珊王朝藝術和佛教藝術結合的產物。根據出土的薩珊和嚈噠錢幣，一般推斷文明期屬於7—8世紀，此時已經是犍陀羅文明的晚期。豐都基斯坦出土的土豪式珠光寶氣的裝飾

佛陀坐像，泥塑，阿富汗國家博物館

296

風格，和犍陀羅傳統樸素典雅的風格截然不同。比如彌勒菩薩，上袒下裙，鬈曲的長髮披肩，佩戴項鏈、瓔珞、手鐲、臂釧等，裝飾華麗，珠光寶氣。壁畫裏的菩薩右手持花，左臂提淨瓶，頭戴花鬘冠飾，身體呈三道彎式，體態靈動輕盈，帶有明顯的女性化傾向。豐都基斯坦的佛像服飾華麗，戴滿珠寶，披肩外套上鑲滿寶石，和佛陀清淨無欲的形象相去甚遠，看上去更像一個時髦的貴族王子。這種世俗化的風格，影響到中國龜茲、敦煌的佛像和菩薩像。除了珠光寶氣的世俗化裝飾外，豐都基斯坦的佛陀造型，還呈現出裸體的審美傾向。中國克孜爾壁畫也帶有這樣的風格傾向。

釋迦菩薩壁龕，4—5 世紀，哈達佛寺出土，大都會博物館
釋迦菩薩帶有強烈的希臘風格，細長的眼瞼，寬長的眉毛，微揚的嘴角，露出慈悲靜謐的神態。

297

佛陀像，7—8 世紀，豐都基斯坦出土，集美博物館

三.巴米揚的興起與衰落

　　5—6世紀，絲綢之路從中亞前往印度的道路發生了重要的變化。一條新興的興都庫什山西側道路取代了之前的喀喇崑崙山路。而巴米揚，作為這條新興交通路線上的重要節點，變得異常重要，成為新的商業和宗教中心。

　　巴米揚坐落在興都庫什山西側的崇山峻嶺之中，面積不大，巴米揚河在這裏沖刷出一塊小小的盆地。翻越崇山峻嶺的商旅和僧侶們，可以在這裏稍作停留，等體力恢復後再繼續前行。絲綢之路為巴米揚的崛起帶來了歷史機遇，讓這裏成為巴米揚大佛和數百所佛教石窟的所在地。氣勢磅礴的佛教雕塑和精美的宗教壁畫，讓這裏成為佛教藝術中心，一直到9世紀伊斯蘭教徒入侵前。

　　在漢文史料裏，唐初魏徵等人編撰的《隋書·西域傳》已經提到了巴米揚，將其視為絲綢之路上的一個重要國家。615年（大業十一年），巴米揚曾遣使前往隋朝朝貢。在隋朝和唐初，巴米揚在《隋書》和《新唐書》中被稱為「帆延」，玄奘稱之為「梵衍那」。這樣一個財力、人力、物力都有限的國家，能夠建造完成巴米揚大佛這樣浩大的工程，很可能跟巴米揚在絲綢之路上的樞紐地位有關。貿易帶來的大量財富和物資往來的便利，讓修建大佛成為可能，加上僧俗虔誠供養，最終造就了這一世界奇蹟。在巴米揚石窟中，發現了婆羅米文寫的《妙法蓮華經》片段，在東大佛的右臂上則刻寫着悉達多·托利迦文寫的醫療文書片段──醫療是長途商旅們需要的，或許也說明巴米揚在新交通路線上的繁榮。

　　626年冬天到次年春，玄奘在梵衍那逗留了很久。他很可能在當地僧眾的介紹下，懷着崇敬激動的心情仰望矗立在這裏的巨佛。事隔多年，玄奘在《大唐西域記》裏仍然激動地回憶道：「王城東北山阿，有立佛石像，高百四五十尺，金色晃耀，寶飾煥爛。東有伽藍，此國先王

299

巴米揚遺址

未被摧毀前的巴米揚大佛

之所建也。伽藍東有鍮石釋迦佛立像，高百餘尺。分身別鑄，總合成立。」這說明，在玄奘到達巴米揚之前，巴米揚大佛已經存在了。很可惜的是，後來大佛不斷遭遇劫難。原先富麗堂皇的佛像，五官不見，外袍的紅藍彩繪和手面塗金也消失，四周壁畫遭到無情破壞。

在巴米揚東北郊外的山崖上，遍佈六千多座大小石窟。石窟內雕畫着數以萬計的雕塑和壁畫，可能是世界上現存最大的佛教石窟群。兩座巨型立佛雕像，更是聞名世界。這兩座佛像，帶有強烈的希臘化藝術風格，是人類藝術的瑰寶。東大像雕造於約 5 世紀，高 53 米，玄奘記載其為鍮石釋迦佛立像。鍮石是一種礦石，據說不會發黑。因此用它來塑造佛像，可以顯得更加莊嚴。東大像體態豐滿，身體勻稱，通肩式輕薄大衣，衣服紋路分佈均勻，佛像赤足而立。西大像更早，大約 1 世紀建造，高 38 米。頭、頸、四肢、軀幹粗壯，通肩式大衣有多重衣紋，臉形方正，胸部挺闊，俯視眾生。佛像主體是自沙岩山崖鑿成，細節部位用泥草混合雕塑，加上繪畫表現臉部、雙手和衣袍摺疊處。有學者認為，這兩個大佛一個是釋迦牟尼，一個是彌勒。彌勒是未來佛，代表着人們對未來美好世界的期盼。

巴米揚大佛兩側都有暗洞，高數十米，可以拾級而上。佛頂平台甚至可站立超過百人。

兩尊大佛是世界上最大的雕刻立佛。5 世紀前後，在犍陀羅地區，佛寺雕塑大型佛像成為傳統。這些大佛像，不再只是用於裝飾佛塔，而是獨立成為信徒的禮拜對象。

當年大量苦行僧人居住在巴米揚的小山洞裏，留下許多宗教雕像和色彩鮮豔的壁畫。根據研究，巴米揚壁畫的時代大約是 5—9 世紀。巴米揚壁畫並非只有佛教的神祇，也留下其他文明和宗教的元素。比如繪製在東大像頂部的馳騁天空的太陽神，生動地詮釋了巴米揚作為文明滙聚處帶來的藝術融合風格。祆教太陽神密特拉，繪製在佛陀頭頂的天花板上，右手持長矛，身穿帶有遊牧民族色彩的長大衣，端坐於太陽中間，

乘坐四匹帶翼天馬拉的馬車。脅侍者則是希臘戰神雅典娜和勝利女神尼姬。其上側是上半身為人、下半身為鳥的瑣羅亞斯德神官，手持香爐和火把。在天空中，四隻桓娑展翅飛翔。在桓娑兩側，則是風神的形象。一塊壁畫，融合了希臘、波斯、印度等多種文明元素，不同的文明元素被用來表現佛陀的偉大。

伊斯蘭教徒征服巴米揚後，巴米揚大佛、石窟和壁畫命途多舛。穆斯林反對偶像崇拜，所以屢屢破壞大佛。巴米揚大佛面部和雙手首先遭殃，2001 年，塔利班用炸藥將兩座大佛徹底炸毀。這是人類文明的一大浩劫。

巴米揚千佛壁畫，集美博物館

四．犍陀羅菩薩信仰的興起和圖像製造

在貴霜時期，菩薩在佛教和政治宣傳中的作用突出出來。菩薩的地位被抬高，隨之而來的，菩薩像出現，成為犍陀羅佛教藝術極為重要的表現主題和描述對象。菩薩像的誕生很可能比佛像晚。在菩薩像中，作為救世主的彌勒（Maitreya）菩薩也出現了。彌勒帶有強烈的政治色彩，其實就是佛教的救世主。救世主的觀念幾乎每個宗教都有，比如基督教裏面的耶穌。在之前的佛教中，並沒有彌勒這一角色，而在貴霜時代，彌勒作為將來的佛和救世主，被賦予了極端重要的地位，可以説是最重要的菩薩，彌勒和轉輪王的關係也變得重要起來。帶有「重生」意味的彌勒和帶有「入滅」意味的涅槃，成為犍陀羅佛教藝術重點描述的對象。在犍陀羅的菩薩像中，絕大多數都是彌勒菩薩像。

那些冒着生命危險、遠涉流沙到異域傳法的高僧們，按照佛教教義的理解，就被稱為菩薩。他們秉持的就是這種上求菩提、下化眾生的精神。在絲綢之路上流動的，除了香料、貴金屬、奢侈品，還有佛陀的教誨。來自犍陀羅的高僧們抱着拯救世人的理想，進入新疆、敦煌、長安、洛陽、鄴城，忍受自然環境的惡劣和文化的挑戰，希望能夠用佛法拯救眾生。貴霜人竺法護世居敦煌，他來中土的目的就是宣傳佛法，「志弘大道」。時人都稱他為「敦煌菩薩」，他也自稱「天竺菩薩曇摩羅察」。或許這就是犍陀羅文明的核心精神和理念。

在犍陀羅美術中，有大量關於供養、持戒、智慧、解脫的主題，幾乎貫穿整個犍陀羅藝術體系。佛教雖然在犍陀羅衰落下去，但在東亞卻牢牢站穩了腳跟。與其有關的宗教、文化和藝術，在中華文明的核心地區包括洛陽、長安、大同、敦煌都生根發芽。佛光照耀之處，中國、日本和韓國的文明傳統都發生了重要的變化，這種變化成為文化遺產，留存至今。

菩薩在早期佛教中，經常指的是還沒有覺悟的釋迦牟尼。在沒成

菩薩頭像，3—4 世紀，大都會博物館

菩薩立像，拉合爾博物館

道之前，他是菩薩道的修行者，就是菩薩。在犍陀羅佛傳故事浮雕中，在家的佛陀往往被描述為菩薩的模樣。在犍陀羅藝術中，菩薩被塑造成貴霜時代印歐混血王子的形象，綰髮有髭，戴敷巾冠飾，佩戴豪華的束髮珠串和敷巾冠飾，胸前佩三四重繩狀項飾，常有一對龍形怪獸口銜寶石，或是取材於北方中亞遊牧地區。他們一般上身赤裸，展現健壯的身體，可能是對希臘羅馬傳來的通過骨骼和肌肉表現人體的傳統的模擬。菩薩戴瓔珞源於犍陀羅，瓔珞也是菩薩的重要標誌。釋迦牟尼做太子時，就是「瓔珞嚴身」。當他出家的時候，就把這些衣物飾品交給馬夫車匿帶回去。

彌勒菩薩是犍陀羅菩薩信仰和造像最重要的主題，在原始印度佛教中，彌勒信仰並不發達。但在犍陀羅，數以百計的彌勒造像被保存至今。一般觀點認為，犍陀羅地區是彌勒信仰的中心——季羨林先生認為密教中彌勒菩薩處於西北方位，或許證明彌勒信仰跟西北印度關係密切。1980 年，今斯瓦特地區（烏萇國，Udyāna）的一處佛塔遺址出土了烏萇國國王色那瓦爾摩（Senavarmā）於公元 14 年留下的犍陀羅語經卷，裏面就提到了彌勒。

儘管彌勒信仰興起的歷史背景和許多細節仍然如同迷霧，但是一般推測，彌勒信仰是從犍陀羅興起，之後沿絲綢之路從中亞進入中國，並在傳播過程中發展到高潮。在中國的南北朝時期，乃至朝鮮的新羅時期，彌勒信仰不但在宗教世界變得極端重要和廣為接受，而且作為政治動員的手段，在政治起伏和社會變革中扮演了重要的角色。彌勒信仰，尤其是彌勒下生信仰，在東亞歷史進程中發揮了不可忽視的作用。中國的南北朝隋唐時期，下層民眾在彌勒信仰和救世主觀念的影響下，掀起了一次又一次的叛亂；而上層統治階層也頻繁利用彌勒下生信仰來為自己的統治尋找新的理論解釋。在朝鮮的新羅時期，以彌勒信仰為號召的花郎道在統一國家進程中扮演了重要角色。

彌勒作為佛教救世主以及未來佛，出現在貴霜君主迦膩色迦的錢

彌勒頭部細節，約 3 世紀，大都會博物館

彌勒菩薩立像，約 3 世紀，灰色片岩浮雕，高 163.2 厘米，大都會博物館

菩薩額頭飽滿，鼻樑高聳，波狀縷髮。面容慈祥、樂觀。右手持有的淨瓶損毀不見。衣服褶皺立體感強。赤足。基座上是禮拜佛陀舍利或佛缽的場景。

彌勒立像，約2世紀前半葉，高46厘米，
寬17.5厘米，厚8厘米，拉合爾博物館

立像發現於斯里巴哈勞爾大窣堵波，是深灰片
岩浮雕，比較突出的特點是其波浪形的鬚髮和
上身赤裸的肌肉造型，很有希臘藝術的風格。

彌勒菩薩立像，塔克西拉博物館

禮敬彌勒，阿富汗國家博物館

信徒們身穿貴霜時代的服飾，手持棕櫚葉和蓮花。彌勒有背光，手提水瓶。

幣上。迦膩色迦錢幣上的彌勒，是結跏趺坐的形象，戴有耳環、臂釧，右手施無畏印，左手持瓶，周圍用希臘字母寫着「Metrago Boudo」（Maitreya Buddha，即「彌勒佛」）。值得注意的是，迦膩色迦錢幣上的彌勒，雖然造型是菩薩，但被稱為「佛」。這反映了彌勒的雙重屬性，一方面他是菩薩，但另一方面他是未來佛，將在未來繼承釋迦牟尼的志業。

彌勒的三重身份（菩薩、未來佛、救世主），使得他在佛教宇宙觀和時間觀中處於非常特殊的位置。這一點反映最鮮明的圖像是七佛一菩薩的構圖。七佛信仰很早，在東晉僧伽提婆譯《增一阿含經》、佛陀耶舍和竺法念譯《長阿含經》中都有記載。《魏書‧釋老志》對七佛的解釋為：「釋迦前有六佛，釋迦繼六佛而成道，處今賢劫。文言將來有彌勒佛，方繼釋迦而降世之。」彌勒信仰興起後，在犍陀羅地區跟七佛信仰相結合，發展出了「七佛一菩薩」的構圖。目前犍陀羅浮雕中發現的此類圖像，大多數是立像，少數是坐像。

七佛一菩薩觀念和造像傳入中國，對絲綢之路沿線的佛教藝術產生深刻影響。米蘭佛寺所在鄯善地區似乎流行這種造型。酒泉、吐魯番也曾出土多件這一主題的造像，比如北涼高善穆造石塔，覆鉢下部一周由七身佛陀和一身菩薩組成，和中土陰陽五行觀念相匹配。[5]

迦膩色迦錢幣
一面是結跏趺坐的彌勒形象，周圍有銘文「彌勒佛」。

314

彌勒菩薩頭部細節，拉合爾博物館

彌勒菩薩立像（手提水瓶），拉合爾博物館

七佛一菩薩，白沙瓦博物館

七佛和彌勒菩薩造像都雕造在長方形片岩飾物上。七佛在右，彌勒在最左。彌勒菩薩
肉髻赤足，右手上舉肩側，掌心向外，左手持「瓶」。七佛殘一佛半，諸佛與彌勒皆
有頭光，但手勢略有差異，表現的是過去七佛的含義。

五. 未來佛：犍陀羅的彌勒圖像

犍陀羅地區的彌勒造像，以形制大小可分為一般彌勒像和彌勒巨像。中國最早的彌勒造像，據《高僧傳·道安傳》記載，是在前秦，符堅曾「遣使送外國金箔倚像，高七尺。又金坐像、結珠彌勒像」。但彌勒信仰源自犍陀羅，《彌勒下生成佛經》以及《彌勒大成佛經》都提到彌勒下生，世間「譬若香山」。所謂「香山」也就是犍陀羅。犍陀羅彌勒菩薩像具備了佛像的三十二相，例如頭光、肉髻、白毫等，體現了彌勒既是菩薩，又是未來佛的雙重屬性。

與彌勒下生信仰緊密關聯的藝術創作是建造大佛。古代印度沒有製造大佛像的傳統，幾乎看不到高達 10 米的大佛造像。目前已知彌勒大佛像是在今巴基斯坦北部建造的，時代是 4 世紀。陀曆國的彌勒佛像長八丈。彌勒諸經中提到，彌勒下生將以十六丈的姿容出現在世人面前。但在達麗羅山谷中，無法建造高達十六丈的彌勒像，所以從權減半，建造了八丈的彌勒像。從陀曆往東，沿絲綢之路，可以看到很多巨大的彌勒造像：巴米揚石窟（東邊是高 38 米的釋迦牟尼像，西邊是高 55 米的彌勒佛像）、敦煌莫高窟的北大佛（第 96 窟，高 38 米）和南大佛（第 130 窟，高 26 米）、雲崗石窟的第 16—20 窟大佛、炳靈寺石窟大佛（第 117 窟，高 27 米）、須彌山石窟大佛（高 21.5 米）、樂山凌雲寺大佛（高 71 米）等。這些大佛基本可以判定是彌勒大佛。

交腳彌勒在中國的魏晉南北朝時期非常流行。從考古證據看，最早的交腳彌勒像出現在犍陀羅。交腳而坐並非彌勒菩薩專屬的坐姿。在巴米揚石窟有很多描繪交腳彌勒講法的壁畫，克孜爾石窟中心柱窟入口上部中央半圓形地方，常常繪製彌勒講法圖。從繪畫的方位來看，這體現的很可能是彌勒在兜率天的情形。

關於交腳倚坐的來源，一種主流的觀點認為是借用了貴霜王者的形象。季羨林先生認為，從中亞到中國新疆乃至直到內地的壁畫、雕塑中

彌勒坐像，7—8 世紀，大都會博物館

交腳彌勒，東京國立博物館

圍繞彌勒的是貴霜時代的貴族供養人。供養人的形象，符合人們
祈禱上生兜率天聽彌勒講法的信仰。

兜率天上的彌勒菩薩，3世紀，柏林亞洲藝術博物館

的交腳彌勒，是受到了波斯的影響，古代波斯、中亞帝王和貴族就是這種坐姿。從貴霜王朝宮殿遺址哈爾恰揚（Khalchayan）出土的王侯像，君主就是交腳而坐。從表現形式來說，犍陀羅交腳彌勒造像一般分為兩種。一種是彌勒交腳倚坐華蓋之下，周圍環繞諸天或遊牧王侯打扮的供養人，禮拜讚嘆。有的是在梯形龕裏結轉法輪印的交腳彌勒，周圍環繞諸天讚嘆的場景。梯形龕象徵宮殿樓閣，兜率天為欲界六天之第四重天，為彌勒菩薩成佛前的住所。起源於犍陀羅的交腳彌勒造像相對古樸簡單，包括交腳倚坐的彌勒、獅子座、象徵宮殿樓閣的梯形龕。

在犍陀羅浮雕中，獅子座往往用座位旁裝飾獅子來表示。有學者認為，彌勒菩薩雖然未成佛，但是他具有佛格，是未來的佛，所以也可以坐在獅子座上，被視為與釋迦牟尼同樣尊貴。

宮治昭將犍陀羅的菩薩像分為三類：第一，束髮（綰髮髻），左手持瓶；第二，戴敷巾冠飾，手中不持物；第三，戴敷巾冠飾，手中持花環或者蓮花。這三種菩薩的像容都是一樣的。一般第一種被認為是彌勒菩薩，第二種被認為是釋迦菩薩，第三種被認為是觀音菩薩。尤其是在犍陀羅的佛三尊像中，第一種造型的菩薩和第三種造型的菩薩作為脅侍分別出現在釋迦牟尼佛的兩邊。通常認為，這兩尊分別是作為脅侍的彌勒菩薩和觀音菩薩。

彌勒都在左手指尖（通常是第二指和第三指之間）夾提一個小容器。這個像瓶一樣的容器形狀不一，多數是細頸，瓶肩闊而瓶底窄的造型，也有的是圓球形的瓶腹。羅森菲爾德認為，手持裝滿甘露的小壺是彌勒菩薩的身份特徵，彌勒的這一形象與佛教之前的夜叉信仰有關。但是大部份的學者認為，彌勒菩薩的這一造型來源於梵天。

還有人認為，彌勒所持並非水瓶，而是油膏壺。日本的印度哲學史家干瀉龍祥在〈彌賽亞思想與未來佛彌勒之信仰〉一文中推論，犍陀羅興起的未來佛信仰，大約在公元前 1 世紀末出現，很可能受到了其他文明救世主思想的影響。這個「油膏壺」是救世主的身份象徵。這個觀點

彌勒立像（手持水瓶），集美博物館

觀音，豐都基斯坦出土，集美博物館

被上原和所發揮。上原和認為，彌勒手持的小容器，跟梵天、婆羅門手持的大圓瓶並不相同，也不具備實用功能，應是裝藥或者油膏的容器。而且容器周圍有精細的紋樣，跟犍陀羅出土的舍利容器非常相似。香油壺是彌賽亞（Messiah，也就是「救世主」）的身份標誌。上原和推論，這種傳統和作為救世主的彌勒之間或許也存在關聯。

犍陀羅藝術後期，彌勒菩薩和觀音菩薩為脅侍的佛三尊像在犍陀羅地區非常流行，留下大量藝術傑作。宮治昭認為，成佛之前是梵天和帝釋天，成佛之後是彌勒和觀音。大多數學者認為，彌勒和觀音的角色及形象，是分別從梵天和帝釋天發展來的。梵天代表的是婆羅門，關注的是精神世界的修行，是宗教的一面，是「聖者」和「行者」；帝釋天代表的是刹帝利，關注的是世俗世界的權力，是世俗的一面，是「王者」「武者」。婆羅門（由梵天代表）和刹帝利（由帝釋天代表）共同構成了社會的基本權力結構。教權和王權、宗教和世俗、精神和物質，既對立又互相統一，組成了社會的基本架構，也是宇宙的基本秩序。

不過值得注意的是，彌勒不像梵天那樣不事修飾，相反，彌勒雖然上袒下裙，但是佩戴王侯貴族裝飾，一副王子的模樣。相對應地，學者們通常認為，戴敷巾冠飾、持蓮花或者花鬘（或許是從蓮花發展而來）的觀音菩薩，是從帝釋天的形象發展而來。帝釋天作為王者的形象，其金剛杵不知道為甚麼，到了觀音手裏，卻變成了蓮花和花鬘的柔和形象。從剛猛到慈悲的角色轉換，至今也沒法給出合理的解釋。

一般的解釋是從理論上推敲的，認為菩薩具有兩個角色或者功能。一個是「上求菩提」，也就是勉力修行，實現自我涅槃；一個是「下化眾生」，是對眾生懷有慈悲之心，幫助眾生實現覺悟。這也是經常所說的大乘佛教的重要思想。所以一般推論，以彌勒和觀音作為脅侍的三尊像，上求菩提的是彌勒，下化眾生的是觀音。

必須指出的是，雖然彌勒似乎跟梵天—婆羅門有更密切的關係，但是作為佛教的救世主，他從一開始就跟政治理想聯繫在一起，和佛教理

佛陀和彌勒、觀音，2—3世紀，集美博物館

浮雕上刻劃了五個立像，中間是佛陀，肉髻圓臉，結
無畏印。佛陀右邊是彌勒菩薩，也如佛陀一樣肉髻，
右掌向外，左手持水瓶，上袒下裙。佛陀左邊是觀音，
敷巾冠飾，右手朝外，左手掐腰。佛陀、彌勒、觀音
都有背光。彌勒外側是一個貴霜貴族供養者，似乎是
手持豐收的莊稼。觀音外側是一個佛教僧侶，手持棕
櫚葉。除貴族腳上有靴子外，其他人物都赤腳。

交腳菩薩（手持蓮花，似是
觀音），東京國立博物館

思惟菩薩手持蓮花（似是觀音），3世紀，松岡美術館

想的君主轉輪聖王關係密切，比起觀音，反而與世俗王權的關係更為密切。相反地，觀音卻更貼近了日常信仰的內容，成為普通大眾訴求的對象，具有了慈悲救難的特性。從集美博物館的這塊浮雕看，在彌勒身邊站立的，是世俗的貴霜貴族；在觀音身邊站立的，卻是代表佛教信仰的僧侶。彌勒和觀音，作為犍陀羅佛教中脅侍佛陀的兩大菩薩，他們跟世俗—宗教之間的關係，已經超出了簡單的劃分。

中土通常的觀音菩薩，是手持淨瓶的形象。但在犍陀羅，手持淨瓶的是彌勒。按照主流的觀點，觀音是手持蓮花或者花鬘——花鬘被視為蓮花的替代物。除了敷巾冠飾、手持蓮花或者花鬘外，冠飾上裝飾化佛往往被視為判定造像是否是觀音的一個關鍵指標。但實際上這可能並不能成為判定觀音圖像的依據。首先，化佛冠成為觀音的特有標誌，在中國歷史上是隋朝以後。其次，彌勒也可以化佛，佛經屢屢提到彌勒和化佛的關係。比如《觀彌勒菩薩上生兜率大經》中記載，彌勒在兜率天七寶台內摩尼殿上獅子座，忽然化生，其天寶冠有百萬億色，色中有無量百千化佛。犍陀羅地區頭戴化佛冠的菩薩，很多可以判定為彌勒菩薩。

彌勒和化佛存在密切關係，也可以從中國佛教美術的情況反推。酒泉出土的北涼高善穆造石塔，其覆缽下部一周雕刻七佛一菩薩。彌勒菩薩頭戴半橢圓形頭冠，冠飾化佛。佛呈轉法輪印，交腳坐在方座上。敦煌莫高窟北涼時期、隋代、盛唐時期的洞窟，都有彌勒頭戴化佛冠的雕塑。雲崗和龍門石窟中的化佛冠飾多出現在作為主尊的交腳菩薩頭冠上，很可能也是彌勒菩薩。

同樣地，半跏思惟菩薩也不一定就是觀音。犍陀羅的半跏思惟菩薩雕像，有些也可以判定為彌勒。

在我國早期的佛教藝術中，常見到一種別具魅力的半跏思惟菩薩。這種菩薩安逸閒適、姿態優美。他坐在藤座之上，舒一腿，另外一隻腳橫放在垂足的大腿上，以一手支頤，作思惟狀，以一指或者數指微觸

面頰，另一手則放置在蹺起的腳上。這種特定造型的造像形式，被稱為「半跏思惟像」。半跏思惟像曾經在中國南北朝時期非常盛行，傳入朝鮮和日本之後，也成為當地佛教藝術的重要類型，甚至在當地歷史進程中扮演了重要角色。朝鮮三國時期，對統一新羅國家幫助很大的花郎道，就將彌勒作為自己信仰的本尊，廣泛製作半跏思惟彌勒菩薩像，對促進國家的統一發揮了重要作用。這說明，半跏思惟菩薩不一定是觀音，彌勒菩薩也有半跏思惟造型。

這種陷入沉思冥想的菩薩造像，廣泛流行於中國、朝鮮半島和日本，但發端於犍陀羅。在印度，半跏思惟菩薩造像很少發現。在公元前後歐洲的石棺和墓碑的雕刻上，已經出現了一腿屈攏、以手支額的造像，表現人類的苦思無奈和對生離死別的痛苦，但這僅僅是從圖像學的角度進行的推測。

在犍陀羅，一般認為，半跏思惟像最早是用來描述出家之前的釋迦太子的。這種深陷沉思冥想的形象，非常符合苦思眾生意義和解脫之道的悉達多太子。犍陀羅佛傳浮雕上，樹下觀耕、訂婚、決意出家等場景中，釋迦太子都有被塑造為半跏像的。其中最突出的是樹下觀耕，《過去現在因果經》等佛教文獻對這一場景有很多描述，大概是浮雕的文獻依據。在樹下觀耕中，釋迦太子在樹下休息，看到飛鳥啄食壞蟲，起慈悲心，覺得眾生可愍，互相吞食，「即便思惟，離欲界愛，如是乃得，至四禪地」。

水野清一認為，釋迦太子半跏思惟像依據的可能是類似《過去現在因果經》和《佛所行讚》的佛教經典，主要表現太子悲天憫人、苦思解脫之道的樣子。

半跏思惟像不但出現在犍陀羅的浮雕上，也存在單體的半跏思惟像，據統計至少有 15 尊。這說明在犍陀羅地區，已經形成了對半跏思惟菩薩單獨的崇拜。中國現存最早有題記的半跏思惟像是 442 年鮑纂所刻造的石像，其題記明確提到「父母將來生彌勒佛前」。從圖像和文字的

證據看，半跏思惟像在東亞更多地跟彌勒菩薩聯繫在一起。

不論是釋迦太子，還是彌勒菩薩，都有一個共同的特徵：他們都是未來的佛。釋迦太子也是菩薩，他修行成道之前，也是未來佛，半跏思惟是思悟解脫之道。而彌勒，如唐代高僧道宣所說，就是釋迦牟尼佛的「太子」，是未來的佛。所以他所處的狀態，跟釋迦太子所處的情況是一樣的。把兩者都塑造成半跏思惟的樣子，展現的是一個觀念，即思惟成佛。對彌勒信仰來說，只有彌勒成佛，眾生才能得到解脫。正如新羅時期的花郎道，將彌勒塑造成半跏思惟的樣子，正是期盼彌勒下生成佛那一刻的到來。

菩薩殘軀，3—4 世紀，大都會博物館

327

【註釋】

1 故事細節請參看玄奘口述，辯機筆授《大唐西域記》卷一「迦畢
   試國」條，《大正藏》第 51 冊，第 874 頁中—875 頁上。

2 Sylvain Lévi, "Wang Hiuan-ts'ö et Kaniṣka", *T'oung-pao*, XIII
   (1912), pp. 307-309.

3 參看 John M. Rosenfield, *The Dynastic Arts of The Kushans*,
   Berkeley and Los Angeles, University of California Press,
   1967, pp. 197-201。

4 Boris J. Stavisky, " 'Buddha-Mazda' from Kara-tepe in Old
   Termez (Uzbekistan): A Preliminary Communication", *The
   Journal of the International Association of Buddhist Studies*,
   Vol. 3, No. 2, 1980, pp. 89-94; M. Vaziri, *Buddhism in Iran: An
   Anthropological Approach to Traces and Influences,* Springer,
   2012, p. 22.

5 殷光明《北涼石塔上的易經八卦與七佛一彌勒造像》，《敦煌研
   究》1997 年第 1 期，第 81—88 頁。

附錄

大犍陀羅地區
大事年表

公元前 535 年，波斯阿契美尼德王朝征服犍陀羅。

約公元前 486 年，佛教創始人釋迦牟尼涅槃。

公元前 480─前 479 年，波斯帝國薛西斯皇帝遠征希臘的戰爭中，犍陀羅作為附屬國出現，派兵參加薛西斯的軍隊，跟希臘人作戰。希羅多德的《歷史》中，提到波斯帝國的大流士一世在犍陀羅收稅。犍陀羅和印度被嚴格區分，分在不同的省區，繳納不同的稅賦，而且在薛西斯的軍隊裏，犍陀羅士兵和印度士兵也並不相同。這反映了當時的一種普遍觀念。

公元前 331─前 327 年，亞歷山大大帝（前 336─前 323 年在位）征服塔克西拉，兵鋒直抵印度河。

公元前 305 年，塞琉古一世再次侵入印度，孔雀王朝打敗希臘入侵者。塞琉古王朝在孔雀王朝的首都華氏城派有常駐使節，孔雀王朝設立一個國家部門，專管希臘人和波斯人的事務。一直到公元前 195 年，犍陀羅地區應該是孔雀王朝的一個行省。孔雀王朝一般是由王位繼承人擔任犍陀羅的總督。

公元前 270 年，阿育王繼承王位。

公元前 259─前 258 年，阿育王皈依佛教。

公元前 257 年左右，阿育王發佈在今巴基斯坦馬爾丹縣的石敕，石敕中頻繁提到當地居民希臘人和犍陀羅人，說明當時希臘人在巴克特里亞和犍陀羅地區佔有較大的比例。

公元前 253 年，阿育王派遣以高僧末闡提為首的佛教僧團到巴克特里亞和犍陀羅地區傳教，於是說一切有部在迦濕彌羅、犍陀羅地區得以日漸壯大，但不清楚其詳細過程。

公元前 243 年，根據《歷代三寶紀》的描述，沙門釋利防等 18 人到達秦朝傳教，被秦始皇所禁。這一記載並沒有任何其他文獻支持。如果成立的話，這一傳教僧團很可能是阿育王統治時期經巴克特里亞和犍陀羅地區進入秦朝的。

公元前 232 年，阿育王去世。

約公元前 220 年，歐西德莫斯統治時期，希臘—巴克特里亞王國曾經發動對喀什噶爾的遠征。

公元前 200 年，佛教已開始在犍陀羅傳播，但是佛像還沒有出現。

公元前 2 世紀，佛教文本開始被製作出來。

公元前 195 年，希臘—巴克特里亞人征服了犍陀羅。他們在這裏留下來，成為這裏的主要居民。在進入犍陀羅之前，這些希臘人已經對佛陀的教誨比較熟悉。印度—希臘王國統治犍陀羅從公元前 195 年到公元前 60 年，長達 135 年。在這段時期，大量希臘的藝術家、建築家、各種工匠將希臘的文化藝術傳入犍陀羅地區，這些文化傳統和佛教信仰相結合，發展出獨特的犍陀羅文明。希臘樣式的錢幣被廣泛使用。希臘語作為官方和國際商業的語言被使用，同時犍陀羅語興起。希臘樣式的城市建立起來。

公元前 185 年，孔雀王朝末帝被將領華友所殺，華友建立巽伽王朝，並和希臘─巴克特里亞王朝軍事對抗。他支持婆羅門教，反對佛教。根據佛教文獻記載，他迫害佛教徒，毀壞寺院。

公元前 180 年，希臘─巴克特里亞王國的德米特里一世侵入印度河流域，攻擊巽伽王朝，將犍陀羅、旁遮普等領土都納入統治範圍。有的歷史學家認為，這場戰爭的一個原因是德米特里一世支持佛教，對於巽伽王朝迫害佛教徒嚴重不滿。這一年，中國西漢王朝的漢文帝即位。領土擴張到印度之後的王國往往被稱為印度─希臘王國。在德米特里一世統治時期，希臘統治者開始在錢幣銘文上使用希臘語和犍陀羅語雙語。

約公元前 170 年，歐克拉提德推翻了歐西德莫斯王朝在巴克特里亞的統治，建立了自己的王朝。歐克拉提德可能是德米特里一世的一位將領，或者是塞琉古帝國的同盟者。

公元前 2 世紀─公元 1 世紀，裝飾盤繁榮時期，帶有強烈希臘化的藝術品和日常奢侈品大量出現。

公元前 177 年，匈奴擊敗大月氏。之後連續戰敗，大月氏西遷。

公元前 165 年，印度─希臘王國的米南德一世（彌蘭陀王）成為犍陀羅的統治者，一直統治到公元前 130 年。在他漫長的三十多年統治時期，犍陀羅語逐漸成為重要的官方、宗教和日常語言。雙語同時使用的情況非常普遍。米南德一世對佛教持支持態度，對文化的融合以及佛教在巴克特里亞、犍陀羅和西北印度的發展提供了重要保障。

公元前 145 年左右，大月氏攻佔阿伊—哈努姆。

公元前 138 年，受漢武帝派遣，漢朝使者張騫出使大月氏。公元前 128 年，張騫抵達大月氏，看到大月氏「地肥沃」而「志安樂」，不想東返故地向匈奴報仇，也不想與漢朝夾擊匈奴。公元前 126 年，張騫回到長安。之後張騫在西域所見，被記載於《史記》和《漢書》中。張騫的這次鑿空之旅，在絲綢之路的歷史上具有重要意義。

公元前 100 年前後，大月氏人渡阿姆河南進巴克特里亞地區，滅掉了在此的大夏國。

公元前 1 世紀中期，希臘人放棄阿伊—哈努姆古城，可能是由於遭受到遊牧民族的進攻。至少在公元前 130 年之前，阿伊—哈努姆城作為大夏的諸小城邦之一，可能一直向北邊的大月氏進貢。貢品從考古發現來看，很可能是出產於興都庫什山的銀幣。

公元前 73 年，巽伽王朝滅亡。

公元前 63 年，塞琉古帝國被羅馬的龐培所滅。塞琉古帝國最強盛時，曾經統治巴克特里亞地區。後來後者獨自建立了希臘—巴克特里亞王朝。

公元前 2 年（西漢哀帝元壽元年），據傳，漢朝的「博士弟子景盧受大月氏王使伊存口授浮屠經」。

公元 1 世紀前半期，黃金之丘。

公元 1 世紀，開始出現跟佛教有關的雕塑。

公元 65 年（東漢明帝永平八年），楚王劉英「尚浮屠之仁祠」並供養「伊蒲塞（優婆塞）、桑門（沙門）」，佛教在內地正式被人們所接受並在一定範圍內傳播開來。

公元 1—3 世紀，貴霜帝國興起，佔領包括犍陀羅在內的廣大地區。在迦膩色迦（約 127—150 年在位）時期，貴霜文明達到頂峰，為佛教的興盛奠定了基礎。大乘佛教的文獻被視為佛的教導，成為佛典。在犍陀羅受到訓練的佛教僧侶們，穿越流沙，將佛法傳入中國。

公元 45 年左右，丘就卻不再稱翕侯，而改稱「大王、王中之王」，或「最高王中之王」，貴霜王朝建立起來。一直到公元 3 世紀中期，犍陀羅進入黃金時期。

公元 73 年，班超出使西域。

公元 84 年之前，貴霜和康居結為姻親關係。通過政治聯姻，貴霜對蔥嶺以東的影響力增加。

公元 80 年，貴霜帝國第一代君主丘就卻去世，閻膏珍即位。

公元 84 年，班超向貴霜派遣使者，給予貴霜大量財物珍寶。在 86/87 年，貴霜派遣使者向漢朝朝貢。

公元 90 年，閻膏珍派遣副王謝帶領大軍攻擊班超，被班超擊敗。但是貴霜並沒有完全放棄向蔥嶺以東的擴張。因為只有漢文史料的記載，

不知道貴霜在這場戰爭之後還佔據哪些地區。後來貴霜扶持臣磐登上疏勒王位，說明貴霜並沒有完全退出西域。也大約在同一年，閻膏珍去世，威瑪·卡德菲塞斯即位。

公元 102 年，班超離開經營了三十多年的西域，回到洛陽。

公元 106 年，西域諸國反叛，攻西域都護任尚於疏勒。

公元 107 年，罷西域都護，漢朝將勢力東撤。

公元 116 年前後，貴霜扶持疏勒質子臣磐返回疏勒，成為新的疏勒王。臣磐可能對佛教傳入疏勒發揮了作用。從貴霜操縱臣磐做疏勒國王看，貴霜似乎在模仿漢朝在西域的政策。漢朝接收西域諸國王子做人質，由此操弄諸國的王位繼承。在這之前，貴霜主要是通過跟康居、漢朝（不成功）的聯姻施加對蔥嶺以東的影響。

公元 126 年，班超之子班勇再次平定西域，在 127 年恢復漢朝在西域諸國的權威。

公元 127 年（東漢順帝永建二年），很可能在這一年迦膩色迦一世即位。西域長史班勇擊降焉耆，使龜茲、疏勒、于闐、莎車等 17 國內屬。由這時起，直至桓帝元嘉二年（152）的二十多年間，東漢在西域恢復權威，貴霜與東漢恢復了交通，宗教傳播應該在此時變得活躍。

公元 147 年（桓帝建和元年），來自貴霜的三藏支婁迦讖到達東漢首都洛陽，開始傳教和譯經。中國的佛經，最早就是從犍陀羅語翻譯過來的。貴霜在其中扮演了主導性的角色。在接下來的兩百年中，佛經只

有兩種版本，一種是犍陀羅語，一種是漢語。從史籍記載判斷，中國開始翻譯佛經，最晚應該在公元 2 世紀中前期已經開始。公元 178—189 年，支婁迦讖翻譯出《般若道行》《般舟》《首楞嚴》三經。

公元 2 世紀，佛教寺院和佛塔等佛教建築大量建造，跟佛教題材有關的雕塑大量出現。

公元 222—253 年，避難江東的貴霜高僧支謙譯出《維摩》《法句》《瑞應本起》等 49 經。

公元 3 世紀，佛像和菩薩像大量出現，以片岩雕塑為主。

公元 260 年（魏甘露五年），中土第一位西行求法僧人朱士行抵達于闐，在此研習佛法，一直到八十多歲死在于闐。他讓弟子將大品《般若經》帶回洛陽，促進了中土佛教的發展。

公元 229 年，貴霜國王波調（約 213—237 年在位）向當時的曹魏政權朝貢並接受其「親魏大月氏王」封號。波調此次遣使中國，可能有聯絡中國抵抗薩珊王朝的意圖。這時，貴霜與中國政府之間官方往來頻繁。貴霜王朝在其統治下似乎實現了短暫的中興。《魏略·西戎傳》記載，公元 3 世紀早期，「罽賓國（犍陀羅）、大夏國（巴克特里亞）、高附國（今喀布爾）、天竺國，皆並屬大月氏」。

公元 3 世紀後半期，著名高僧竺法護越過蔥嶺，在貴霜帝國遊歷，很可能重點地區是犍陀羅及其附近地區。

公元 3—5 世紀，犍陀羅文明繼續繁榮。犍陀羅佛教雕塑主要在這段

時間被製造出來。

公元 4—5 世紀，佛陀像趨向複雜，去人文主義色彩、以神秘主義為特點的迦畢試佛像興盛。佛教雕塑出現紀念碑性的傾向。

公元 5 世紀初，嚈噠人渡過阿姆河進入巴克特里亞，5 世紀 30 年代，嚈噠人南下吐火羅斯坦，公元 5 世紀 70 年代末，貴霜殘餘勢力最終被嚈噠人所滅，貴霜帝國終結。嚈噠人攻佔犍陀羅。犍陀羅佛教衰落，帶來犍陀羅佛教藝術的衰落。

公元 520 年，宋雲到達犍陀羅。

公元 543 年，《洛陽伽藍記》撰成。

公元 6 世紀中期，弗樓沙僧人闍那崛多及其同伴外出傳法，先到迦畢試，稍後進入塔里木盆地和中土，經歷北周滅佛，輾轉到達隋朝的長安城，在隋文帝支持下開始譯經。

公元 630 年，西行求法高僧玄奘抵達犍陀羅，參觀了迦膩色迦建造的雀離浮圖。

公元 4—8 世紀，商路變遷，帶來巴克特里亞和阿富汗地區的繁榮，佛教藝術中心也轉向這裏，巴米揚興起。

公元 550—600 年，巴米揚大佛建造。

公元 655 年，伊斯蘭勢力攻擊喀布爾。

公元 8—9 世紀，隨着伊斯蘭勢力入侵，大犍陀羅地區佛教衰落，犍陀羅藝術凋零。

公元 1756 年，歐洲人第一次接觸到貴霜的概念，是從中文材料《漢書》中得到信息的，但是並沒有把漢文史料中的「貴霜」和西方古典時代的記載進行比對。

公元 1825—1845 年，有關貴霜的發現取得了長足的進展。主要原因，首先是英國和法國在阿富汗和旁遮普的擴張，引發了對古代亞歷山大大帝遠征的興趣；其次是歐洲學者對印度古代文明的興趣，尤其是以印度和加爾各答為基地的英國學者們；最後是當時充份認識到錢幣保存了豐富的歷史信息，對亞歷山大、印度古代文明和錢幣的追尋，帶來了有關貴霜知識的增加。

公元 1833—1834 年，傑拉德在今天阿富汗喀布爾河畔附近考古，發掘出一塊刻有佛陀禪定的圓形石雕，可謂近代犍陀羅佛教藝術研究的開端。從 19 世紀中期到 20 世紀中期，大量犍陀羅文物出土，伴隨着豐富的考古報告，揭開了輝煌的犍陀羅文明的神秘面紗。

公元 1861 年，英國考古學家康寧漢提議設立印度考古局，並任首任局長。沿着玄奘的腳步，康寧漢把北印度的佛教遺址作為考古重點，也為犍陀羅考古作出了重要貢獻。此後一直到 1947 年，印度考古局都將犍陀羅考古作為自己的重要工作內容之一。約翰·馬歇爾等人都對犍陀羅的研究作出了自己的貢獻。

公元 1908—1911 年，雀離浮圖挖掘。

參考文獻

1・佛教文獻

帛尸梨蜜多羅譯《佛説灌頂塚墓因緣四方神咒經》，《大正藏》第 21 冊。
道宣撰《廣弘明集》，《大正藏》第 52 冊。
道宣撰《釋迦氏譜》，《大正藏》第 50 冊。
費長房撰《歷代三寶記》，《大正藏》第 49 冊。
佛陀耶舍、竺佛念譯《佛説長阿含經》，《大正藏》第 1 冊。
慧立本撰，釋彥悰箋《大唐大慈恩寺三藏法師傳》，《大正藏》第 50 冊。
慧琳撰《一切經音義》，《大正藏》第 54 冊。
吉迦夜共曇曜譯《雜寶藏經》，《大正藏》第 4 冊。
鳩摩羅什譯《龍樹菩薩傳》，《大正藏》第 50 冊。
鳩摩羅什譯《馬鳴菩薩傳》，《大正藏》第 50 冊。
鳩摩羅什譯《大智度初品中》，《大正藏》第 25 冊。
鳩摩羅什譯《佛説彌勒大成佛經》，《大正藏》第 14 冊。
鳩摩羅什譯《佛説彌勒下生成佛經》，《大正藏》第 14 冊。
馬鳴菩薩造，曇無讖譯《佛所行讚》，《大正藏》第 4 冊。
那連提黎耶舍譯《佛説德護長者經》，《大正藏》第 14 冊。
菩提留支譯《大薩遮尼乾子所説經》，《大正藏》第 9 冊。
瞿曇僧伽提婆譯《中阿含經》，《大正藏》第 1 冊。
釋寶雲譯《佛本行經》，《大正藏》第 4 冊。
釋道世撰《法苑珠林》，《大正藏》第 53 冊。
釋法顯自記《高僧法顯傳》，《大正藏》第 51 冊。
釋慧皎撰《高僧傳》，《大正藏》第 50 冊。
實叉難陀譯《大方廣佛華嚴經》，《大正藏》第 10 冊。
玄奘撰《大唐西域記》，《大正藏》第 51 冊。
義淨撰，王邦維校注《南海寄歸內法傳校注》，北京：中華書局，1995 年；又《大正藏》
第 54 冊。
支謙譯《佛説申日經》，《大正藏》第 14 冊。
支謙譯《佛説太子瑞應本起經》，《大正藏》第 3 冊。
竺法護譯《佛説彌勒下生經》，《大正藏》第 14 冊。

2 · 世俗文獻

司馬遷撰《史記》，北京：中華書局，1959 年。

班固撰，顏師古注《漢書》，北京：中華書局，1962 年。

范曄撰《後漢書》，北京：中華書局，1965 年。

姚思廉撰《梁書》，北京：中華書局，1973 年。

李百藥撰《北齊書》，北京：中華書局，1972 年。

李延壽撰《北史》，北京：中華書局，1974 年。

段成式撰《酉陽雜俎》，北京：中華書局，1981 年。

王欽若等編，周勛初等校訂《冊府元龜》，南京：鳳凰出版社，2006 年。

3 · 前人研究

(1) 中文和日文

[古希臘] 阿里安著，李活譯《亞歷山大遠征記》，北京：商務印書館，1979 年。

蔡楓《犍陀羅雕刻藝術與民間文學關係例考》，北京大學外國語學院南亞學系 2012
年博士學位論文。

晁華山《佛陀之光：印度與中亞佛教勝跡》，北京：文物出版社，2001 年。

丁文光編著《犍陀羅式雕刻藝術》，北京：人民美術出版社，1959 年。

[日] 肥塚隆《美術所見釋迦牟尼的生涯》（美術に見る釈尊の生涯），東京：平凡社，
1979 年。

[日] 高田修《佛像起源》(仏像の起源)，東京：岩波書店，1967 年。

[日] 宮治昭著，李萍譯《犍陀羅美術尋蹤》，北京：人民美術出版社，2007 年。

[日] 宮治昭著，李萍、張清濤譯《涅槃和彌勒的圖像學──從印度到中亞》，北京：
文物出版社，2009 年。

古正美《貴霜佛教政治傳統與大乘佛教》，台北：晨允文化出版公司，1993 年。

季羨林《季羨林全集》，北京：外語教學與研究出版社，2009─2010 年。

金申《佛教美術叢考》，北京：科學出版社，2004 年。

金申《印度及犍陀羅佛像藝術精品圖集》，北京：中國工人出版社，1997 年。

李靜杰《佛缽信仰與傳法思想及其圖像》，《敦煌研究》2011 年第 2 期，第 41—52 頁。

李翎《從犍陀羅開始：訶利諦的信仰與造像》，《敦煌學輯刊》2014 年第 2 期，第 102—110 頁。

[日] 栗田功《犍陀羅美術 1·佛傳》(ガンダーラ美術 I·仏伝)，東京：二玄社，1988 年。

[日] 栗田功《犍陀羅美術 2·佛陀的世界》(ガンダーラ美術 II·仏陀の世界)，東京：二玄社，1990 年。

林梅村《西域文明：考古、民族、語言和宗教新論》，北京：中國鐵道出版社，1995 年。

林梅村《漢唐西域與中國文明》，北京：文物出版社，1998 年。

劉欣如《貴霜時期東漸佛教的特色》，《南亞研究》1993 年第 3 期，第 40—47 頁。

欒睿《從克孜爾 207 窟壁畫談佛教對拜火教的融攝》，《西域研究》2007 年第 3 期，第 73—76 頁。

羅帥《貴霜帝國的貿易擴張及其三系國際貿易網絡》，《北京大學學報（哲學社會科學版）》2016 年第 1 期，第 115—123 頁。

[巴基斯坦] 穆罕默德·瓦利烏拉·汗著，陸水林譯：《犍陀羅：來自巴基斯坦的佛教文明》，北京：五洲傳播出版社，2009 年。

[日] 桑山正進《迦畢試·犍陀羅史研究》(カーピシー·ガンダーラ史研究)，京都：京都大學人文科學研究所，1990 年。

[日] 桑山正進《巴米揚大佛與中印交通路線的變遷》，《敦煌學輯刊》1991 年第 1 期，第 83—93 頁。

[日] 上原和著，蔡偉堂譯《犍陀羅彌勒菩薩像的幾個問題》，《敦煌研究》1994 年第 3 期，第 62—70 頁。

[英] 斯坦因著，向達譯《斯坦因西域考古記》，北京：中華書局，1987 年。

宿白《中國石窟寺研究》，北京：文物出版社，1996 年。

湯用彤《漢魏兩晉南北朝佛教史》，武漢：武漢大學出版社，2008 年。

湯用彤《隋唐佛教史稿》，武漢：武漢大學出版社，2008 年。

[日] 樋口隆康《巴米揚石窟》(バーミヤーンの石窟)，京都：同朋舍，1970 年。

王邦維選譯《佛經故事》，北京：中華書局，2009 年。

王鏞《印度美術》，北京：中國人民大學出版社，2004 年。

[日] 小野玄妙《犍陀羅佛教美術》（犍馱邏の仏教美術），京都：丙午出版社，1923 年。

薛克翹《印度民間文學》，銀川：寧夏人民出版社，2008 年。

楊巨平《遠東希臘化文明的文化遺產及其歷史定位》，《歷史研究》2016 年第 5 期，第 127—143 頁。

[美]H. 因伐爾特著，李鐵譯《犍陀羅藝術》，上海：上海人民美術出版社，1991 年。

[日] 羽溪了諦著，賀昌群譯《西域之佛教》，北京：商務印書館，1956 年。

[英] 約翰・馬歇爾著，王冀青譯《犍陀羅佛教藝術》，蘭州：甘肅教育出版社，1989 年。

[英] 約翰・馬歇爾著，許建英譯《犍陀羅佛教藝術》，烏魯木齊：新疆美術攝影出版社，1999 年。

[英] 約翰・馬歇爾著，秦立彥譯《塔克西拉》，昆明：雲南人民出版社，2002 年。

章巽撰，芮傳明編《古代中外交通研究》，見《復旦百年經典》系列之《章巽集》，上海：復旦大學出版社，2015 年。

(2) 西文

Ackermann, Hans Christoph. *Narrative Stone Reliefs from Gandhāra in the Victoria and Albert Museum in London: Catalogue and Attempt at a Stylistic History*, Rome: ISMEO, 1975.

Alam, Humera. *Gandhāra Sculptures in Lahore Museum*, Lahore: Lahore Museum, 1998.

Ali, Ihsan and Qazi, M. Naeem. *Gandhāran Sculptures in the Peshawar Museum (Life Story of Buddha)*, Pakistan: Hazara University Mansehra NWFP, 2008.

Asia Society Museum, *The Buddhist Heritage of Pakistan: Art of Gandhara*. New York: Asia Society, 2011.

Behrendt, Kurt A. *The Art of Gandhāra in the Metropolitan Museum of Art*, New York: Metropolitan Museum of Art, 2007.

Behrendt, Kurt A. *The Buddhist Architecture of Gandhāra*, Leiden: Brill, 2004.

Bhattacharyya, D. C. *Gandhāra Sculpture in the Government Museum and Art Gallery, Chandigarh*, Chandigarh: Government Museum and Art Gallery, Chandigarh, 2002.

Brancaccio, Pia and Behrendt, Kurt. ed., *Gandhāran Buddhism: Archaeology, Art, Texts*, Vancouver: University of British Columbia Press, 2006.

Brancaccio, Pia and Xinru Liu, "Dionysus and drama in the Buddhist art of Gandhara", *Journal of Global History*, Volume 4, Issue 2, July 2009, pp. 219-244.

Czuma, Stanislaw J. *Kushan Sculpture: Images from Early India*, Cleveland: The Cleveland Museum of Art, 1985.

Dani, Ahmad Hasan. *The Historic City of Taxila*, Tokyo: Centre for East Asian Cultural Studies, 1986.

Decaroli, Robert. *Haunting the Buddha: Indian Popular Religions and the Formation of Buddhism*, Oxford: Oxford University Press, 2004.

Dept. of Archaeology and Museums, Ministry of Education, *Gandhāra Sculpture in the National Museum of Pakistan*, Karachi, 1964.

Dept. of Archaeology and Museums, Ministry of Education, *Gandhāra Stone Sculptures in the Taxila Mueseum*, Taxila: Taxila Museum, 2005.

Foucher, Alfred. *L'art Gréco-Bouddhique du Gandhâra*, Paris: Imprimerie Nationale, 1905-51.

Foucher, Alfred. *The Beginnings of Buddhist Art and Other Essays in Indian and Central-Asian Archaeology*, translated by L. A. Thomas and F. W. Thomas, London: Humphrey Milford, 1917.

Francfort, Henri-Paul. *Les Palettes du Gandhāra*, Paris: Diffusion de Boccard, 1979.

Goswami, Jaya. *Cultural History of Ancient India: A Socio-Economic and Religio-Cultural Survey of Kapiśa and Gandhāra*, Delhi: Agam Kala Prakashan, 1979.

Haleade, Madeleine. *Gandhāran Art of North in India and the Graeco-Buddhist Tradition In India*, Persia, and Central Asia, New York: H. N. Abrams, 1968.

Hargreaves, H. "Excavation at Takht-i Bahi", in J.P.H. Vogel (ed.). *Archaeological Survey of India, Annual Report*, 1910-1911(repr. 1990). Delhi.

Hiebert, Friedrik and Cambon, Pierre. *Afghanistan: Hidden Treasures from the National Museum, Kabul*, National Geographic, Washington, D.C., 2008.

Huntington, J.C. "The Iconography and Iconology of Maitreya Images in Gandhara", *Journal of Central Asia*, Vol. VII, pp. 133-178.

Jongeward, David. *Buddhist Art of Pakistan and Afghanistan: The Royal Ontario Museum Collection of Gandhāra Sculpture*, Toronto: University of Toronto, Centre for South Asian Studies, 2003.

Joshi, N. P. and R .C. Sharma, eds. *Catalogue of Gandhāra Sculptures in the State Museum*, Lucknow: The Archana Printing Press, 1969.

Khan, M. Ashraf. *Gandhāra Sculptures in the Swat Museum*, Saidu Sharif: Archaeological Museum, 1993.

Khan, M. Bahadar. *Gandhāra Stone Sculptuers in Taxila Muesum*, Lahore: The Pioneers Publishers, 1994.

Khan, M. Nasim. *Buddhist Paintings in Gandhāra*, Peshawar: M. Nasim Khan, 2000.

Koul Deambi, B. K. *History and Culture of Ancient Gandhāra and Western Himalayas*, New Delhi: Ariana Publishing House, 1985.

Kuwayama Shoshin, *Across the Hindukush of the First Millenium: A Collection Papaers by S. Kuwayama*, Institute for Research in Humanities, Kyoto University, 2002.

Ingholt, Harald. *Gandhāran Art in Pakistan*, New York: Pantheon Books, 1957.

Liu Xinru. *Ancient India and Ancient China: Trade and Religious Exchanges, AD 1–600*, Delhi: Oxford University Press, 1988.

Majumdar, N. G. *A Guide to the Sculptures in the Indian Museum*, Part II, "The Grae-co-Buddhist School of Gandhāra", Patna: Eastern Book House, 1937.

Marshall, J. H. "Jamal Garhi", in *Archaeological Survey of India, Annual Report*, 1921-1922 (repr. 1990). Delhi.

Marshall, J. H. "Takht-i Bahi", in H. Hargreaves (ed.), *Archaeological Survey of India, Annual Report*, 1928-1929 (repr. 1990). Delhi.

Marshall, J. H. *The Buddhist Art of Gandhara: the Story of the Early School, Its Birth, Growth and Decline*, Cambridge: Cambridge University press, 1960.

Marshall, John. *Taxila: An Illustrated Account of Archaeological Excavations Carried out at Taxila under the Orders of the Government of India between the Years 1913 and 1934*, 3 Vols, Cambridge: Cambridge University Press, 1951.

McGoven, William Montgomery. *The Early Empires of Central Asia: A Study of the Scyth-ians and the Huns and the Part They Played in World History, With Special References in the Chinese Sources*, University of North Carolina Press, 1939.

Murthy, Krishna. *The Gandhara Sculptures: A Cultural Survey*, Delhi, 1977.

Nagar, Shanti Lal. *Buddha in Gandhāra Art and Other Buddhist Sites*, Delhi: Buddhist World Press, 2010.

Nehru, Lolita. *Origins of the Gandharan Style: A Study of Contributory Influences*, Delhi, 1989.

Rahman, Dar Saifur. "Toilet Trays from Gandhāra and Beginning of Hellenism in Pakistan", *Journal of Central Asia*, Vol. 2, No. 2, 1979, pp. 141-184.

Rhi Ju-hyung. "Gandhāran Images of the Śravastī Miracle: An Iconographic Reassess-ment", Ph. D Thesis, Ann Arbor, Mich.: UMI, 1994.

Rosenfield, John M. *The Dynastic Arts of The Kushans*, Berkeley and Los Angeles, University of California Press, 1967.

Rowland, Benjamin. *Gandhara Sculpture from Pakistan Museum*, New York, 1960.

Salomon, Richard. *Ancient Buddhist Scrolls from Gandhāra: The British Library Kharoṣṭhī Fragments Gandharan Buddhist Texts*, Seattle/London: University of Washington Press/ British Library, 1999.

Samad, Rafi U. *The Grandeur of Gandhara: The Ancient Buddhist Civilization of the Swat, Peshawar, Kabul, and Indus Valleys*, Algora Publishing, 2011.

Sehrai, Fidaullah. *The Buddha Story in the Peshawar Museum*, Peshawar: Peshawar Museum, 1985.

Senart, Émile. *Essai sur la légende du Buddha, son caractère et sesorigines*, Imprimerie Nationale, Paris, 1875.

Sengupta, Anasua and Dibakar Das. *Gandhāra Holding in the Indian Museum: A Handlist*, Calcutta: Indian Museum, 1991.

Shinohara Koichi. "The Story of the Buddha's Begging Bowl: Imaging a Biography and Sacred Places", In *Pilgrims, Patrons, and Place: Localizing Sanctity in Asian Religions*. Vancouver: University of British Columbia Press, 2003, pp. 67-107.

Sponberg, Alan. *Maitreya, The Future Buddha*, Cambridge University Press, 1988.

Spooner, D. B. *Handbook to the Sculptures in the Peshawar Museum*, Bombay, 1910.

Tarn, W. W. *The Greeks in Bactria and India*, Chicago: Ares, 1984.

van Lohuizen-de Leeuw, J. E. "New Evidence with Regard to the Origin of the Buddha Image", H. Hartel ed. *South Asian Archaeology 1979,* Berlin: Dietrich Reimer Verlag, 1981, pp. 377-400.

Wenzel, Marian. *Echoes of Alexander the Great: Silk Route Portraits from Gandhara: A Private Collection*, Art Media Resources Ltd., 2000.

Zwalf, W. *A Catalogue of the Sculpture in the British Museum*, London: British Museum Press, 1996.

www.cosmosbooks.com.hk

書　　名	圖説犍陀羅文明
作　　者	孫英剛、何　平
責任編輯	林苑鶯
美術編輯	郭志民
出　　版	天地圖書有限公司
	香港黃竹坑道46號新興工業大廈11樓（總寫字樓）
	電話：2528 3671　傳真：2865 2609
	香港灣仔莊士敦道30號地庫（門市部）
	電話：2865 0708　傳真：2861 1541
印　　刷	亨泰印刷有限公司
	柴灣利眾街27號德景工業大廈10字樓
	電話：2896 3687　傳真：2558 1902
發　　行	香港聯合書刊物流有限公司
	香港新界大埔汀麗路36號中華商務印刷大廈3字樓
	電話：2150 2100　傳真：2407 3062
出版日期	2020年10月／初版

本書由生活‧讀書‧新知三聯書店授權繁體字版出版發行